LICHTWELT
VERLAG

Empfangen von Johannes dem Täufer und Jesus Sananda
in den Dezembertagen 2012. Als das Ende der Zeit und für
manche Menschen das Ende der Welt gekommen schien,
begann neues Leben. Dein Geschenk.

In Liebe und Dankbarkeit

John

Publikationen Jahn J Kassl

DIE JESUS BIOGRAFIE- TEIL I (2008)

LICHT I - HEILUNG DURCH GOTT (2008)

LICHT II (2010)

2026 – OFFENBARUNGEN GOTTES (2011)

DIE JESUS BIOGRAFIE- TEIL II (2011)

Alle Bücher des Autors, einschließlich der eBook-Veröffentlichungen, sind beim Lichtweltverlag erhältlich.
www.lichtweltverlag.com

Impressum

Copyright © 2013 by
Lichtwelt Verlag Wien
Alle Rechte vorbehalten

Jahn J Kassl

Leben

Band I

Inhaltsverzeichnis

Vorwort des Autors	10
Christusbewusstsein, Johannes der Täufer	14
Herzensöffnung, Jesus Sananda	18
Von der Umkehr, Johannes der Täufer	22
Von der Geburt, Jesus Sananda	26
Von der Demut, Johannes der Täufer	28
Von der Schöpferkraft, Jesus Sananda	32
Vom Dienen, Johannes der Täufer	36
Vom Herrschen, Jesus Sananda	40
Von der Achtsamkeit, Johannes der Täufer	44
Vom Frieden, Jesus Sananda	48
Vom Leid, Johannes der Täufer	52
Von der Glückseligkeit, Jesus Sananda	56
Von der Güte, Johannes der Täufer	60
Vom rechten Leben, Jesus Sananda	64
Von der Sünde, Johannes der Täufer	68
Von der Gnade, Jesus Sananda	74
Vom Vertrauen, Johannes der Täufer	78
Vom rechten Zeitpunkt, Jesus Sananda	84
Von der Familie, Johannes der Täufer	88
Vom Nehmen und Geben, Jesus Sananda	98
Vom Staat, Johannes der Täufer	104
Von der Religion, Jesus Sananda	112
Vom Übergang auf 5D, Johannes der Täufer	116
Vom Leben auf 5D, Jesus Sananda	122
Der Autor	126

Vorwort des Autors

Geschätzte Leser, seit nunmehr 8 Jahren darf ich den Aufgestiegenen Meistern, den Erzengeln, vielen Wesenheiten des Lichts und der Urquelle allen Seins als „Schreiber" zur Verfügung stehen. Diese Arbeit erfüllt mich ganz und bestimmt seither jeden Augenblick meines Lebens. Dieses nun vorliegende Buch wurde mir, wie sooft, aus dem „Nichts" gegeben. Als ich noch glaubte, Botschaften im Zuge auf die Vorbereitung zur Lichtlesung des 21.12.2012 in Wien zu erhalten, begannen sich Kapitel an Kapitel zu reihen und es entstand: „LEBEN".

Dieses Buch leuchtet tief in die nun bevorstehende Zeit hinein. Der Aufstieg der Menschheit und des Planten findet statt und setzt sich temporeich fort. Umwälzungen in der Gesellschaft sind nicht mehr zu übersehen. Staat, Kirche und bewährte Institutionen werden in Frage gestellt und wandeln sich, ja, sie müssen es.

Die Reise bis zu dem Punkt, an dem die ganze Menschheit diese Transformation zulässt, geht also, trotz der weitverbreiteten Zweifel und Zweifler, weiter.
Im Einklang mit dem Schöpfer werden die Weichen gestellt, die es jetzt braucht, damit sich der Planet mit der Menschheit auf der fünften Dimensionsebene des Lichts verankern kann. Schritt folgt Schritt, damit die Menschen mithalten und alle neuen Lichtqualitäten integrieren können.

Noch liegt eine bedeutende Wegstrecke vor uns und was wir jetzt vor allem benötigen, ist die Weisheit zu LEBEN.
Dieser erste Band „LEBEN" ist ein Wegweiser dazu und weist uns die Lichtspur der uns bevorstehenden Wochen, Monate und Jahre.

JOHANNES DER TÄUFER und JESUS SANANDA geben Deutungen, die uns eine neue Sicht und neues Verstehen des Lebens ermöglichen und wodurch wir den Weg in das Licht selbstbestimmt, mutig und im tiefen Gottvertrauen fortsetzen oder erstmalig beschreiten können.
„...der Wandel bleibt für den Geschichte, der in der Menschheitsgeschichte nach Vergleichbarem sucht", sagt uns JESUS SANANDA zum Ende dieses Buches.
Dass dieser Wandel, die persönliche wie die globale Transformation betreffend, für jeden, der zu diesen Zeilen geführt wurde, in Erfüllung geht, darauf vertraue ich.
Schließlich streifen wir mit der Zeit auch die „Geschichte" ab und es liegt allein an unserem Bewusstsein, ob wir diese Tatsache wahrhaben können oder es wollen.

Das vorliegende Buch ist diesem Bewusstseinssprung der Menschheit durch die Wahrheit, durch das Licht und durch die Liebe Gottes, die diesen Zeilen entströmt, Tür und Tor.

Mit Dankbarkeit und Freude
lege ich „LEBEN" in ihr Herz,

In Liebe
Jahn J Kassl

Wien, am 12.12.2012, 6 Uhr in der Früh

Christus-bewusstsein

Johannes der Täufer

Dem, der nach mir kommt, bin ich nicht würdig die Sandalen zu schnüren und dennoch bin ich würdig, in Seinem Lichte Erleuchtung zu erlangen.

JOCHANAN, der Rufer aus der Wüste, ist mitten unter euch und ruft die Menschen erneut zur Umkehr auf und lädt die Menschen ein, einzukehren in Gott.
Erneut bin ich ein Wegbereiter für meinen Bruder JESUS SANANDA, erneut wird der Boden gelockert, damit der Herr kommen und damit der Sohn Gottes seine Allmacht auf dieser Erde zur vollen Wirkung entfalten kann.

Nun sind wir eins, vereint im gleichen Schritt, und gehen, ein jeder für sich und dennoch im Gleichklang des göttlichen Willens, der Menschheit voraus. Somit wird diese den Weg ins Licht finden – jetzt, wo sich die Nebelschleier der Täuschung noch einmal tief herabsenken und für Verwirrung sorgen.

Der Gott-Gewordene Sohn ist zurückgekehrt und wir als seine ewigen Kinder finden Halt und Hilfe, Stütze und Frieden, durch die Kraft, die seinem liebenden Herzen entströmt.
Mir ist die ehrenvolle Aufgabe übertragen, den Lobpreis des Herrn zu verkünden, Ihn anzukündigen, Sein Licht selbst zu erfahren und weiterzutragen, bis die Menschen durch Seine Herrlichkeit selbst Herrlichkeit erlangen.

Ehe der Sohn Gottes ein Menschenherz erleuchten kann, muss dieses Herz durch die Gnade Gottes gereinigt und geläutert werden.

Mir obliegt es, darauf hinzuweisen, euch Ansporn zu geben, damit ihr euch vollenden könnt. Euch allein obliegt jedoch die Entscheidung, teilzuhaben an dieser Gnade, wodurch sich der Wille Gottes an euch erfüllt und womit sich euer für das Licht geöffnete Herz vollendet.

Diese Welt versinkt mit allen Menschen des
Unglaubens, mit allen Menschen, die ihre Schöpferkraft verleugnen oder gar missbrauchen, mit allen Menschen, die ihre tatsächliche Natur verleugnen und damit der einzigen „Sünde" anheimfallen, im sich neu erschaffenden Raum- und Zeitgefüge.
Die Propheten haben ihre Arbeit verrichtet, die Heiligen der Zeiten haben verkündet, die Hellseher und Weisen haben von dem, was kommt, Zeugnis gegeben.

Dies geschieht im Einklang mit Gott und zum Wohle aller
Menschenkinder, die sich dem ewigen Leben oder dem
erneuten Sterben verschrieben haben.

*Der Weg ist geebnet, der Weg ist dem Herrn bereitet, nun tritt
er auf, der wahre Herrscher dieser Welt, und ist an seinem
alles überstrahlendem Lichte zu erkennen.*

Gewiss ist eines nun, da sich die Zeit verflüchtigt:
Das Warten der Menschheit auf Erlösung und auf den Erlöser
ist zu Ende, da die Selbstermächtigung, dem Lichte zu dienen,
alle Sehnsüchte der Menschen befriedet und den Sohn Gottes
erneut auf die Erde gezogen hat.

Die Sehnsucht und der Ruf der Menschheit nach dem Licht
Gottes hat JESUS SANANDA erneut und mit Leib und Seele auf
die Erde und als Mensch zu den Menschen gebracht.
Seht ihr, wie weit wir den einstmals brachen, ausgetrockneten
und fruchtlosen Ackerboden unserer nach Gott dürstenden
Seelen bearbeitet haben?

Der Dank und Lobpreis gilt dem Herrn, der Liebestrunk des
Lichts wird der Menschheit nun überreicht:

Das Christusbewusstsein.

Geehrte Menschen, Brüder und Schwestern, die ihr mir seid.
Schreiten wir voran, schreiten wir weiter. Wer sich jetzt umdreht, der kann leicht vergessen, auf welchen Weg er sich befindet und er kann zurückfallen in alte Gewohnheiten und Bilder, die sich erneut manifestieren und für eine ungewollte Unterbrechung des Weges sorgen. Also dreht euch niemals um, auch ich wiederhole diese Empfehlung unserer geistigen Familie.

Bleibt wachsame Zeugen jedes Moments, damit ihr am Weg in das Licht zu neuen Erkenntnissen gelangt. Lasst euch durch die „Hilferufe der Gestrandeten" nicht noch einmal in deren Dramen ziehen, die sie auch unter großen Schmerzen unter allen Umständen beibehalten möchten.

Geht zügig voran, dann erreicht ihr den Herrn vor Anbruch der Dunkelheit.

Nun weiche ich zur Seite und mache Platz für meinen Bruder, der da ist gekommen, um Dich zu segnen und um dir den Weg in das Licht zu ebnen.

Geehrte Mit-Schöpfer diese Welt, haltet euch an eure Verträge des Lebens und ihr werdet Einlass finden in Gottes Herrlichkeit.

Ich bin
JOHANNES DER TÄUFER
Der Gott-Ergebene Rufer der Schöpfung

Herzens-öffnung

Jesus Sananda

Meine Kinder, ich bin unter euch – mit Leib und ganzer Seele. Ich bringe euch Geschenke, die einmalig sind und die ihr lange erwartet habt.

Der Boden dafür ist wahrlich bereitet worden; von euch, die ihr JESUS gefolgt und die ihr JESUS CHRISTUS verinnerlicht und die ihr fern aller Dogmen JESUS SANANDA als die Schwingung der Liebe und des Lichts in allen Welten wahrgenommen und in euer Herz getragen habt.
Es gibt nur einen Anlass, der mich erneut und ganz von selbst auf diese Welt gezogen hat: Der Ruf der Menschen drang zu mir und Gott-Vater entsandte mich erneut, damit wir gemeinsam das begonnene Werk vieler Lebenszyklen nun vollenden.
Und mit unendlicher Leichtigkeit habe ich die Reise in die Feststofflichkeit angetreten und stehe nun am festen Erdenboden und verankere die Liebe unserer Urmutter des Lebens in den Herzen der Menschen.

Was bisher wenigen vorbehalten war, ist nun vielen gegeben.
Jenen, die die neue Welt erben und die diese Welt auf dem
gut gedüngten und vorbereiteten Boden des menschlichen
Seins erbauen. Und es sind viele, obwohl es, gemessen an
der Zahl der Weltbevölkerung, die weitaus kleinere Schar der
Menschenseelen darstellt.
Für euch Geliebten ist nun die Zeit, in der das
Christusbewusstsein die Allmacht in euren Herzen ausübt,
angebrochen. In lichte Höhen könnt ihr heute steigen
und dennoch fest verankert bleiben auf dem Erdengrund.
Die Spannkraft eines Wesens zwischen Himmel und Erde
bleibt immer erhalten, kein Abschweifen von der Erde,
kein Leugnen der himmlischen Realität ist möglich, so das
Christusbewusstsein die Führung übernommen hat.

Ausgleich, Glückseligkeit, Frieden, Stille und Freude –
bringen den prickelnden Strom der All-Liebe in euer Herz.
Was auf Lemurien begann, was auf Atlantis sich fortsetzte
und was danach eine jähe Unterbrechung erfuhr, wird nun
wiederbelebt und der Menschheit zurückgebracht:

Die vollkommene Wirkungsweise des Christusbewusstseins im Alltag eines jeden Menschen, der sich selbst und sein Leben ganz Gott übergeben und geweiht hat.

Mit diesem ersten Geschenk, das ich euch nun zur
Zeitenwende überreichen darf, lade ich euch ein zu einer
stillen und eingehenden Betrachtung eures *Ist-Zustandes*.

Prüft erneut durch euren freien Willen, ob ihr eingehen möchtet in Gott, eingehen in euer Herz durch die Bereitstellung des Christusbewusstseins.

Erneut gilt es bewusst-zu-sein und alles unter der Lupe der reinen Unter- und Entscheidungskraft zu betrachten, damit ihr ganze Schlüsse ziehen und richtige Zuordnungen treffen könnt.

Wer sich mir ergibt, ergibt sich selbst und gibt alles Unnatürliche, das am Selbst noch haftet, auf.

Bist du bereit? Ja, dann komm.

Herzens-Öffnung:

Ich...(nenne hier deinen Namen)
bitte JESUS SANANDA, kraft meines bewussten und
unwiderruflichen Beschlusses, das Christusbewustsein in
meinem Herzen zu entfachen.
Ich bin die Liebe, ich bin der Weg, ich bin das Leben.
Jesus der Christus ist mein Zeuge, dass ich einkehre in die
Herrlichkeit Gottes.

Amen.

Bleibt in der Stille, sitzend oder liegend, lasst diese
Herzensöffnung zu, die sich von allen bisherigen
Herzensöffnungen darin unterscheidet, dass sie durch nichts
und durch niemanden rückgängig gemacht werden kann.
Der Menschheit steht der Weg ins Licht bevor, vollendet
werden Menschenseelen sonder Zahl. Das Wort Gottes ist
fleischgeworden, und diesem wird nun zum endgültigen
Durchbruch auf allen Ebenen dieser Welt verholfen.

Ich halte meine schützende Hand über diese Welt.
Ihr aber bleibt mir treue Weggefährten bis zum Schluss,
damit wir einen neuen Anfang machen können. Gottes Liebe
ist allgegenwärtig, denn mein Herz trägt diesen Strahl des
Lichts ohne Unterlass zu allen Menschen.

In der Liebe, die ich bin

JESUS SANANDA

Von der Umkehr

Johannes der Täufer

Umkehr bedeutet, das Leben von Grund auf zu verändern. Umkehr bedeutet, kompromisslos den Weg der Heiligkeit und des gesegneten Wirkens für die Herrlichkeit Gottes zu gehen. Umkehr bedeutet, sich von allen auferlegten Normen der Gesellschaft innerlich zu verabschieden und ein neues Leben zu beginnen.

Und diese Zeit ist wahrlich angebrochen, jetzt, da das Licht den ewigen Sieg errungen hat.
Die Fallstricke, die jede Umkehr verhindern, sind:
1) Falscher Stolz
2) Ego-Sucht
3) Unglaube

Seid stolze Träger des Lichts, jedoch, so ein Mensch im Stolz der bereits erreichten Erkenntnisse badet, wird er fallen wie ein hoch in den Himmel ragender Baum, dessen Wurzeln von der Fäulnis befallen wurden.

Stolz und Würde sind Geschwister, die sich dienend zur Seite stehen und die dem menschlichen Leben Glanz verleihen. Werden diese mit der Demut angereichert, so ist ein Mensch wahrlich mit dem Segen Gottes versehen und solch ein Mensch wird wahrlich das Himmelreich erben. Falscher Stolz, der tief in der Ego-Sucht wurzelt, ist die Falltür zum Unglück. Und viele Menschen haben kaum Kenntnis davon, dass sie voll davon sind und dass ihre Seele von diesem Virus der Finsternis infiziert wurde.

Wie das erkennen? Indem sich jene Lebensfügungen einstellen, die Erkenntnis bringen.

Bittet um diese Gnade, so ihr in euch selbst nur einen Anflug von falschem Stolz wahrnehmt. Bittet darum, dass sich dieser aus eurem System löst, ehe sich die Lebensfügungen, wie hier erwähnt, einstellen müssen.

Denn ab einem bestimmten Punkt in der Evolution wird dem Menschen jede Kontrolle über sein Leben entzogen, damit dieser lernen kann und werden, sehen und wachsen, um sein Leben in das Licht drehen zu können.

Und auch der Ego-Sucht ist dadurch beizukommen, indem die Wünsche des Egos zunächst erfüllt werden, ehe ein Mensch sich als gescheitert erlebt und dadurch zu neuen Gedanken und Handlungsweisen befähigt wird.

Unglaube jedoch ist nur durch die Gnade Gottes zu beseitigen. Der, der nicht glaubt, der Gott leugnet und sich selbst als von Gott abgetrennt erlebt, der wird durch Gottes Gnade erleuchtet, so die Zeit dafür gekommen ist.

Durch den Unglauben verliert sich ein Leben in der Belanglosigkeit und in dem Moment, in dem eine Menschenseele dies erkennt, beginnt die Gnade der Herrn zu wirken und macht bisher Unmögliches wahr.

Geehrte Menschen, kehrt ein in Gott und kehrt euch vom Leben der „sinnlosen Beschäftigungen" ab.
Kehrt um. Noch ist es Zeit dafür.
Bleibt euren Aufträgen aus dem Licht ergeben, bleibt Diener eurer Verträge aus dem Licht und bleibt vor allem eines:
Tief verankert im Christusbewusstsein der allumfassenden und bedingungslosen Liebe.

Ich bin unter euch
JOHANNES DER TÄUFER

Von der Geburt

Jesus Sananda

Geliebte Menschenkinder, alljährlich wird weltweit meiner Geburt, des Christuskindes, gedacht. Viele Herzen öffnen sich in dieser Zeit und viele Menschen kommen mit ihren verdrängten Sehnsüchten zu mir. Vieles ist aus tiefer Seele geboren und vieles entspringt den kollektiven Mustern, die diese Zeit immer noch imstande ist zu aktivieren.

Denkt in dieser und zu jeder Zeit bitte immer daran, dass meine Geburt deine Geburt in mir versinnbildlicht und das bedeutet: Werde wie ich, damit du du selbst bist.

Gebt der Geburt des Jesu-Kindes einen würdigen Platz in eurem Herzen, indem ihr die Symbolkraft dieser Feier begreift und euch von allen aufgesetzten und fremdbestimmten Verhaltensmustern, die dieses Fest der Freude mit sich bringt, verabschiedet.

Ein Kind wurde geboren, um dein inneres Kind zu heilen und um dich zum Leben zu erwecken.

Nur diesen Sinn hat die alljährliche Erinnerung daran, damit du dich selbst an deine Wiedergeburt erinnerst, bis du dich selbst als göttliches Kind, als Sohn Gottes und als Tochter Gottes, begreifst.

Lasst euch zu mir führen und legt eure mitgebrachten Geschenke beiseite. Schenkt mir euer Herz und ich habe alles und ihr werdet alles erhalten.

Lasst euch beschenken - von mir. Ich möchte in eure Augen blicken, wie ihr in die Augen eurer glücklichen Kinder blickt, so sie die Geschenke öffnen.

Öffnet mir eure Herzen, damit ich wirken kann und in euch dem Samen der Liebe, der euch von Gott gegeben ist, zu neuem Wachstum verhelfen kann.

Eure Herzen sind mein Heim und Gottes Gnade ist unser aller Dach, unter dem wir Schutz finden in Ewigkeit.

Kommt meine Kinder, noch ist Zeit dafür, noch ist die Zeit nicht abgelaufen.
Kommt, ehe sich der große Nebel dieser alten Welt bemächtigt.

Ich bin es

JESUS SANANDA

Von der Demut

Johannes der Täufer

Demut ist sichtbar gemachte Achtung vor allem Leben.
Demut ist sichtbar gemachtes Verstehen um die Richtigkeit
aller Dinge.
Demut ist der Juwel eines Menschenherzens, wodurch jede
Täuschung am Wesen spurlos vorüberzieht.

Demut ist der Weg der neuen Zeit, das Mittel, das alle Türen zum Himmel öffnet und auf deren Boden All-Liebe gedeiht.

Demütig ist der, der seine Göttlichkeit und die Göttlichkeit der Mitmenschen – auch wenn sie dieser noch nicht bewusst auf die Spur gekommen sind – erkannt hat.Sich vor Gott verneigen ist das Eine, sich vor dem Leben, das sich selbst erprobt und im menschlichen Gewande zu vielen Irrtümern aufschwingt, verneigen, ist etwas völlig anderes. Daher gilt es nun, sich zu allen Ereignissen und Menschen, die Unfrieden, Hass, Zorn, Neid, Missgunst, Eifersucht, Trennung, Wahnsinn, Mord und Totschlag bringen, in Frieden zu stellen.

In tiefen inneren Frieden, der durch die Gewissheit, dass alles im Reich Gottes seine Berechtigung und seinen vom Schöpfer zugewiesenen Platz hat, erlangt wird.

Grenzt euch vom Bösen ab, jedoch verurteilt die Bösen nicht. Grenzt euch von den Dunkelmächten, die immer noch glauben, das Spiel der Zeit befände sich in ihren Händen, ab, jedoch haltet euch fern davon, in Verurteilungen zu verfallen. Urteilt aufgrund der Unterscheidungskraft, betrachtet mit unverstelltem Blick, erkennt, was sich zeigt und haltet euch fern von jeder energetischen Verknüpfung zu diesem Spiel, das die letzten Tage der Menschheit dominiert. Erwartet in Demut das „himmlische Gericht". Erwartet in Frieden den Tag, an dem ein jeder Mensch in den Spiegel seiner Leben blicken muss, da sich der Weltenlauf und der Inkarnationszyklus einer Welt schließt.

Verbannt alles, was euch in Unruhe treibt, aus eurem Herzen und dennoch sollt ihr mutige und unerschrockene Krieger der Lichts bleiben, die vor niemandem und vor nichts zurückweichen.

Die Friedfertigen gewinnen in stürmischen Zeiten die Oberhand und die nach Einheit und Gerechtigkeit Strebenden werden am Tage X das Zepter für diese Welt übertragen bekommen.

Unterscheidet nun und gehet hin – was sich im Chaos dieser Zeit dem Lauf der Welt entgegenstellt, wird ausgelöscht und übrig bleiben wird eine aufgelassene Feuerstelle, die niemandem mehr Wärme und Geborgenheit vermitteln kann.

Die neue Zeit ist angebrochen, der neue Mensch wird nun geformt, das neue Leben dringt aus allen Ebenen hervor – auf Gottes Geheiß wird diese Erde neu erschaffen.

Gelobt sind wir, die wir diese heilige Zeit mit unserer Kraft anreichern. Gelobt sind wir, die wir den Tagen Ausdruck geben und die wir den tiefen Sinn des Weltgeschehens zu deuten wissen.

Gelobt bist du, der du dich aus den Fesseln des Unwissens befreit hast.

Frieden sei mit dir,

Ich bin

JOHANNES DER TÄUFER

Von der Schöpferkraft

Jesus Sananda

Schöpft eure Schöpferkraft aus – denn wahrlich:

Die Zeit, in der ihr mir nachfolgen sollt, ist angebrochen. Die Zeit, in der ihr mit gleich werdet, ist gekommen und so sollt auch ihr tun, was ich tat und mehr noch!

Ich bin JESUS SANANDA, Erwecker der Schlafenden, das friedenbringende Licht der Ewigkeit, das den entmutigten Menschen Halt gibt und den sich über Leben und Welt erhebenden Menschen den Boden unter den Füßen entzieht. Geht mit den Werkzeugen, die man euch bis zum heutigen Tage überreicht hat, bitte verantwortungsvoll um. Darauf möchte ich hier eindeutig hinweisen.

Macht haben und Macht ausüben ist zweierlei.
Eure Schöpferkraft unterliegt Gottes Prinzipien und darf niemals unehrenhaft angewandt werden.

Verfügungen, Mantras, machtvolle Gebete, Anrufungen, Rituale und dergleichen mehr dürfen heute nur im Sinne des Wohles der ganzen Schöpfung angewandt werden, anderenfalls richtet sich die Kraft direkt gegen die Wesenheit, von der dieser „Fluch" ausgeht.
Mit der „Schöpferkraft" habt ihr das mächtigste Werkzeug, um euer Leben und das Leben auf Erden gestalten zu können, erhalten. Nun gilt es diese weise und richtig anzuwenden.

Prüft eure Absichten, ehe ihr um Gaben bittet, ehe ihr euch Gaben selbst erschafft, ehe ihr euch Lebensumstände kreiert, mit denen ihr folglich Glück erleben oder Unglück erfahren sollt.

Verpflichtet euch Gott!
Verpflichtet euch der lichtvollen Wirklichkeit der Schöpfung!
Verpflichtet euch der All-Liebe und der All-Einheit aller Welten.

Verpflichtet euch zum Diener Gottes, wodurch ihr vom Herren aller Herren zu Glückseligkeit verheißendem Verhalten angeleitet werdet.

Geht niemals in die Spur des Egos, so ihr mit eurer Schöpferkraft „experimentiert". Klärt immer die Absichten und richtet diese auf Gott und auf das Licht Gottes aus. Bittet vor jedem Manifestationsimpuls, den ihr aussendet, um Schutz, damit sich keine fremden Energien einmengen können.

Durch die Gnade, der euch nun von Gott verliehenen Schöpferkraft, habt ihr eine neue Ebene der Verantwortung erklommen.

Erwachte Götter sind sich bewusst bei allem. Ausreden zählen nicht, so ihr über ein vollendetes Werkzeug verfügen könnt.

Nur die bedingungslose Hingabe an den Weg des Lichts kann euch von allen Irrtümern freimachen und wird euch sicher und zielstrebig an der Fülle Gottes teilhaben lassen.

Erschafft euch alles, jedoch seid euch bewusst, dass ihr mit jedem eurer Schöpfer-Impulse eine ganze Welt bewegt und nicht nur eurer eigenen kleinen Welt gerecht werdet.

Bittet um Beistand, so ihr im Ungewissen seid, denn:
Ehe ein Mensch nicht ganz geläutert ist, kann der Irrtum durch die Tür des Egos erneut die Spur des Unglücks durch eine Menschenseele ziehen.

Feiert alle Gaben des Himmels und wendet sie zum Wohle aller Menschen und aller Welt an. Dann dient ihr euch, dann dient ihr allen, dann habt ihr begriffen, was es heißt, der Schöpfung und Gott in weiser Demut zu dienen.

Ich liebe euch unendlich,

JESUS SANANDA

Vom Dienen

Johannes der Täufer

Der, der Gott dient, steht nicht nur im Dienste des Königs der Könige, sondern ist selbst König und der Gnade seines Herrn teilhaftig.

So will ich zu euch vom rechten Dienen sprechen, so will ich euer Verständnis dazu vertiefen, damit sich Irrtümer verflüchtigen und damit ihr in euch selbst vollständig werden könnt.

Ein guter Diener kennt seinen Herren und kennt vor allem sich selbst, denn auf diesem Boden wächst das Verständnis und das reine Erkennen der Dinge, wie sie sind.

Wie kann ein Mensch den Willen Gottes erkennen, auf diesen ausgerichtet sein und ewiglich in tiefem Frieden alles diesem unterordnen?

Indem der Mensch zuallererst sich selbst erkennt, wobei er den eigenen, aus dem Ego angeleiteten Willen lebt und ausagiert, auch wenn dabei viele Sumpfgebiete zu durchwandern sind.

Nur ein vom Leben geläuterter Mensch kann den Willen Gottes erkennen und durch diese Gnade auf ewiglich eins bleiben in Gott.

Dann beginnt der Dienst an der Gesellschaft, am Menschen und an Gott, dann beginnt das Leben; denn nur der, der zu dienen versteht, kann auch Herrschaft ausüben – wo, wann und wodurch auch immer.

Seid euch bewusst:

Gottesdienst findet weder in den Tempeln noch in Kirchen statt, sondern in einem von allen Selbsttäuschungen befreiten Herzen.

Und wer Gott dient, ist befähigt dazu, sich allüberall in den Dienst zu stellen.

Nachdem ihr euer energetisches Kleid geklärt und vom Lichte erfüllt habt, beginnt das Leben im Dienste des Herrn, der euch alles abverlangt und wodurch ihr an allem teilhaben werdet - denn an seiner Herrlichkeit haben die den größten Anteil, die sich selbst Ihm übergeben haben.

Wer sich in der menschlichen Existenz verfängt, bleibt unfreiwilliger Diener unvollkommener Welten, wer sich über seine menschliche Existenz erhoben hat, wird zum König dieser und vieler Welten und ein König vor Gott, denn nur ein König kann sich in den Dienst des Königs der Könige stellen.

Gottesdienst und der Dienst am menschlichen Dasein sind untrennbar verbunden. Wer sich zuerst Gott ergibt, ist in der Folge zu allem befähigt, wer sich zunächst den menschlichen Ebenen verpflichtet, der ermattet rasch und verliert selbst bei sanftem Wind seine Standhaftigkeit.

Dient Gott als leuchtende und geklärte Wesenheiten des Himmels, die auf der Erde zum Wohle aller wirken. Dient Gott und ihr seid eingekehrt in die Erfahrung des ewigen Friedens und der Gewissheit, dass sich Gottes Absicht mit euch selbst erfüllt.
Ich sprach zu euch vom Dienen, vom einzigen Dienst, den es zu tun und zu erlangen gilt.
Ehe ein Mensch sich selbst nicht ganz erlöst hat, kann Gottes-Dienst nicht stattfinden, da sich der Stachel des Zweifels in eine Seele gräbt und diese durch das Dienen Erniedrigung statt Erhebung und Selbstbeschneidung statt Selbstvertrauen in in ihrem ewigen unzerstörbaren Selbst erfährt.
Schreitet weiter, legt nun jede falsche Dienerschaft ab!

Beendet vor allem den Zustand, euren unerlösten Mustern und Lebenskonzepten zu dienen; denn diese Herren sind undankbar, da sie in euch für ständige Unruhe sorgen und euch mit jedem Male in neue selbsterschaffene Themen locken, bis dass sich euer Leben in der Beliebigkeit verliert.

Stellt euch in den Dienst Gottes. Dadurch wird euer Leben eine einmalige Wende erfahren und euerm Wesen wird eine nachhaltige Transformation zuteil.

Zuallererst gilt es sich Gott zu übergeben, sich Gott zu verschreiben, ganz, mit jeder Faser eures Seins, danach ist alles erlaubt, da ihr nie mehr fehlgehen könnt. Kündigt nun die alten „Dienstverträge" mit dieser Welt und mit euch selbst. Macht euch frei und klopft an die Tür Gottes, bis dass sich diese für euch öffnet und bis dass euch Er zu seinem Diener ernennt, mit allen Ehren und mit allen Würden. Eure Pflicht ist, das zu erkennen, es gibt keine weiteren Pflichten für einen Menschen als diese, denn ist das erkannt, entfaltet sich ein pflichtbewusstes Leben in ungeahnter Freiheit. Wahrhaftige Pflichterfüllung geschieht immer im Einklang mit Gott und dadurch wird jede Pflicht ein Akt des Friedens, des Einklangs und der Freiheit in Gott.

    Versteht nun dies: Der Diener ist frei, ist sein - umso mehr er Gott dient - eigener Herr; und Pflichterfüllung ist Freiheit, so man sich selbst befreit und alles Gott übergeben hat. Reift, werdet und wachst, diese Welt bedarf deiner Dienerschaft; und gereift ist der, der von Gott als Diener angenommen wurde und den Gott als König unter Königen zum Wohle aller Welten in die Unendlichkeit der Schöpfung entlässt.

    Gott ist groß, kehrt ein unter sein Dach, darum geht es nun, da ein ganzer Planet erwacht.

Ich bin der Rufer der Schöpfung,

JOHANNES DER TÄUFER

Vom Herrschen

Jesus Sananda

Geliebte Menschenkinder!

Wer herrschen will, muss zuerst sich selbst beherrschen.

Wer in den feinstofflichen Körpern unerlöst ist, wird die Macht nur mangelhaft zu verwalten wissen und wer sich zum Herrschen berufen fühlt, hat die eine oberste Pflicht, zunächst im Dienen Vollendung erlangt zu haben.

Ich bin JESUS SANANDA, der wiedergekehrte Christus und die Liebe, die diese Welt auf allen Ebenen erfüllt und in jene lichten Höhen bringt, die vorgesehen sind, jetzt, da sich die Schleier heben, so wie sich der Blick der Menschen vom Boden auf zum Himmel richtet.

Wer herrschen will, muss dienen können, so prüfe sich der genau, wer sich Herrscher nennt oder wer zum Herrscher ernannt wird!

Herrschen ist immer an Macht geknüpft. Und die Menschen haben ein offenes und noch unerlöstes Machtthema, so sie sich davor fürchten oder sie fordern.
Beides zeigt, dass hier etwas noch nicht im Frieden ist, in der Balance, die es braucht, damit sich eine Herrschaft, worüber auch immer, im Sinne der liebenden und all-dienenden Schöpfung erfüllt.

Weise Herrscher üben ihre Macht sanft aus und zeigen sich nur dann mit ihrem Zepter, so es Schaden abzuwenden und Frieden zu bewahren gilt.

Niemals ist Macht Selbstzweck, so sich ein Mensch erkannt und erlöst hat. Immer ist Macht das Mittel zum Erschaffen neuer lichtvoller Welten.

Macht anzuwenden versteht der, der sein Tun als unpersönlich erlebt, der seine Kompetenz niemals mit seinem Ego in Verbindung bringt und der, der sich seiner Herrschaft bewusst ist, ohne ihr auch nur im Geringsten zu verfallen.

Heute befinden wir uns auf der Zeitlinie, auf der viele Meister in Menschengestalt ihre Machtthemen erlösen, wodurch sie zu Herrschern neuer Welten heranreifen.
Versteht also bitte, warum es derzeit zu derartigen Häufungen von „Machtmissbrauch" auf allen Ebenen der menschlichen Gesellschaft kommt. Hier wird ein großer Plan, den Gott mit dem Menschengeschlecht hat, verwirklicht, nämlich der, dass bei denen, die bereit sind, alle destruktiv wirkenden Machtmechanismen erlöst werden.

Die derzeitigen Anführer dieser Welt sind voll davon und so geschieht es nun, dass sich auf diesem Gebiet viel zeigt, was für eine geläuterte Menschenseele kaum zu ertragen ist.

Im Großen wie im Kleinen, die Macht hat viele Facetten und gebiert immer neues Unrecht, so sie auf faulem Boden gewachsen und aus einem düsteren Seelenboden hervorgebrochen ist.

Vollendete Herrscher setzen, den vollendeten Dienern gleich, alles auf eine Karte: Die Karte Gottes.
Vollendete Herrscher wissen, dass nichts beherrscht werden kann, so man bei und in sich selbst die Beherrschung verliert.
Vollendete Herrscher erfahren ihr Wirken als höchsten Dienst am Menschen und an der Gesellschaft.
Vollendete Herrscher wissen, dass sie den höchsten Dienst unter der Sonne des Himmels verrichten, denn sie wissen, dass dieser Dienst nur jenen zuteil wird, die sich selbst als Geringster erfahren haben und die das Leid und Elend der Welt kennen.

Wer sich heute von selbst erhebt, wird fallen, wer heute von Gott erhoben wird, wird herrschen in Ewigkeit.

Erwartet eure Aufträge und wisset:

Ehe ihr eure Allmacht beanspruchen dürft, gilt es die trügerische Macht, die euch bestimmte und bisher erworbene Fähigkeiten verleihen, ganz abzustreifen.

Werdet unschuldig, rein und erhaben, dann seid ihr Kindern gleich und gerechten Herrschern, die orientiert sind und wissen, dass sie von Gottes Gnaden dazu ausersehen sind, der Welt den Frieden und den Menschen die Liebe zu bringen.

Einheit, Gerechtigkeit und Frieden, das Verlangen der Menschen ist groß.

Es wird gestillt, denn wahrlich:

Gottes Sohn ist wiedergekehrt, um seine Allmacht sichtbar zu machen und um neue Herrscher für diese Welt einzusetzen.

Arbeitet weiter an euch selbst, bis das wahre göttliche Selbst in seiner ganzen Schönheit hervortritt. Dann werdet ihr erhalten und erlangen, was ihr euch bisher nicht zu träumen gewagt habt.

Ich bin mit euch, um euch zu schulen und zu leiten, damit ihr euch zu selbstbeherrschten Herrschern dieser Welt und neuer Welten erheben könnt.

Ich liebe euch in Ewigkeit

JESUS SANANDA

Von der Achtsamkeit

Johannes der Täufer

Den Achtsamen leuchtet Gott den Weg aus, damit sie allüberall erkennen, was zu tun ist. Den Achtsamen gibt Gott Erkenntnis zu rechten Zeit. Den Achtsamen zeigt Gott den Weg in die Herrlichkeit.

Geliebte Menschen, geht achtsam mit eurem Leben um. Seid achtsam in Gedanken, Worten und Werken, denn alles Übel beginnt in den Gedanken.
So wie ihr denkt, so seid ihr, so wie ihr über andere befindet, wird über euch befunden werden, so wie ihr euch selbst Gedankenschleifen des Unwissens einrichtet, so werden euch die Folgen des Unwissens erreichten, bis ihr auf der Ebene der Gedanken geläutert und gereinigt seid.
Ehe ihr gut sprechen und edel handeln könnt, müsst ihr euch in euren Gedanken vollenden.
Wie denkt ihr über eure Mitmenschen?

Wie denkt ihr wirklich, was denkt ihr und womit beschäftig sich euer Verstand, so er unruhig nach den Ursachen seines Unglücks sucht?

Wisset, es ist nicht nur eine Zeit der großen Erkenntnisse, sondern auch die Zeit der großen Irrtümer.

Und der größte Irrtum wird da erzeugt, wo es an der Achtsamkeit in den Gedanken mangelt.
Wie ist Achtsamkeit zu praktizieren?

1) Erkennen was ist, kraft der Unterscheidungskraft.
2) Bennen was ist, kraft der Wahrhaftigkeit.
3) Frieden herstellen zu jeder Situation die Unrecht hervorbringt und Frieden herstellen zu jedem Menschen, der Zwietracht säht.

Der Schlüssel eines sich zur Achtsamkeit entfaltenden Lebens ist der innere Frieden. Ist dieser abhanden gekommen und ist ein Herz unruhig, wie ein aufbrausendes Meer, ist der Weg zum Unrecht nicht mehr fern.
    Jene, die ihre Gedanken nicht zu Ruhe bringen und ihre Endlosschleifen des Verstandes nicht zähmen können, können den Weg der Achtsamkeit nicht betreten.

Achtsame Menschen wirken wie sanfte Engel, die sich überall, wo Hass wirkt, mit Liebe einfinden.
Achtsame Menschen wirken wie kriegerische Götter, die jedem Zustand des Unrechts entschieden entgegentreten und diesen augenblicklich beenden.

Der Weg zur Achtsamkeit ist ein Weg des tiefen inneren Friedens. Fern des Egos gebiert der Geist einen neuen Zustand, durch den sich euer Leben neu anfühlt. Denn der Achtsame ist nicht nur im Frieden mit sich selbst, sondern im Frieden mit allem, was ist.
Die, die sagen: „Seht her, ich bleibe von allem unberührt", verstehen nicht, die, die sagen: „Ich bin im Frieden", die jedoch mit Gott und der Welt Krieg führen, haben nichts erkannt, und die die sagen: „Mein Unglück ist dessen oder deren Verschulden", sind fern des Wissens, das hier gegeben ist.

Beendet nun jede Achtlosigkeit! Bringt Handlungen hervor, die eines erwachenden Menschen würdig sind und einer erwachenden Gottheit zur Ehre gereichen.
    Gottes Segen ist allezeit mit uns.

Ich bin der mit Wasser getauft und der mit kräftiger Stimme in der Wüste verkündet hat – Wasser, um die Menschen auf den Herrn vorzubereiten, in der Wüste, um den Menschen ihre seelischen Wüsten bewusst zu machen.
Nach mir kam Er, der das Wasser über den trockenen Wüstenboden ausgoss, damit der Durst der Menschen gestillt und damit der Boden für diese Welt zu einer neuen Blüte vorbereitet wurde.
Diese Zeit ist wahrlich gekommen. Wüsten werden fruchtbar, Menschenherzen beginnen zu verstehen und finden Frieden. Das Wasser des ewigen Lebens und das Feuer des Herrn gebären die neue Zeit des tausendmal tausendjährigen Friedensreiches auf der Erde.

Gottes Segen ist mit uns!

Ich rufe euch zur Besinnung auf, denn die Achtsamen sind die großen Engel, die dieser Welt den Glanz des Himmels bringen.

Ich bin der ewige Rufer, wodurch die Seelen-Wüsten eines Menschenherzens fruchtbar werden,

JOHANNES DER TÄUFER

Vom Frieden

Jesus Sananda

Geliebte Kinder Gottes, wollt ihr Achtsamkeit erlangen, gilt es den Weg des inneren Friedens anzutreten; und darüber möchte ich zu euch sprechen, denn wer dieser Zeit trotzen möchte, muss vor allem eines sein: Ein Friedensanker.

Wie Frieden erleben, den Frieden erfahren und der Friede sein, so rund um euch Unfrieden herrscht und Unruhe ist? Alles ist die Angelegenheit eures Bewusstseins.

Nachdem ihr erkannt habt, dass der Zustand des Unfriedens existiert, gilt es sich hinauszubewegen, indem ihr unverzüglich die übergeordnete Sicht einnehmt. Erforderlich ist, dass ihr euch selbst immer in einer höheren Schwingung haltet oder euch in eine höhere Schwingung bringt, gleich was an Unfrieden an euch herangetragen wird.

Aus der Sicht eines Erleuchteten sind Krieg und Hass Zustände, die sich auf einer anderen Ebene ereignen, in die dieser jedoch ganz bewusst und zielgerichtet eingreift, so es geboten ist.

Frieden kann in ein unaufgeräumtes Herz, in ein ungeklärtes Bewusstsein nicht einkehren. Im Gegenteil, denn jedes unerlöste Thema wirkt wie eine dicke Wand, durch die sich der tiefe innere Frieden keinen Zutritt verschaffen kann.

Menschen sagen von sich, sie seien im Frieden, jedoch so man ihre Handlungen betrachtet, ihr Denken und Sprechen unter der Lupe der Unterscheidungskraft betrachtet, zeigt sich nur allzu oft ein gänzlich anderes Bild, das ihnen selbst unbekannt ist.

Der Schlüssel zum Frieden ist in der Fähigkeit und im Willen, sich selbst kompromisslos zu betrachten, zu finden.

Wer das Talent zur Selbstreflexion entbehrt, entbehrt auch den Frieden, wer über die Gabe des unverwandten Betrachters nicht verfügen kann, der hat es wahrlich schwer, im Friedensreich einzukehren.
Alle Vorgänge, die ein Menschenleben erhöhen und ein Bewusstsein zum Erwachen bringen, sind an die Fähigkeit, sich selbst wie ein Zweiter, wie ein Dritter zu beobachten, geknüpft. Hat ein Mensch diese Gabe eingebüßt, so ist diese Lebensspur wahrlich anderen Erkenntnissen gewidmet und bleibt der letzten Erkenntnis fern.

Alles hat seine Richtigkeit – erkennt nur, dass es sich derart verhält, denn wie soll in ein Herz Frieden einkehren, wenn die Ursachen des Unfriedens nicht erkannt werden?

Auf dieser Welt bereitet sich das Friedensreich aus, für alle, die dafür bereit sind.

Der individuellen Reife gemäß wird sich ein jeder Mensch auf „seinem Planeten" einfinden, denn ein jeder erschafft durch seine magnetische Natur sein Resonanzfeld der „Zukunft".

Wer noch im Unfrieden ist, der bitte um Frieden. Wer noch aus der Spur des Friedens gebracht werden kann, der bitte darum, dass die „Fehltritte" enden, noch ehe Gottes Herrlichkeit die Welt ganz erfasst.
Wer sich im Frieden glaubt, mit seinem Leben jedoch hadert, der prüfe sich selbst, bis erkannt ist, wie große Lasten von den Schultern zu heben sind und was eine Seele leicht macht, erhaben und selig.
Wer Gott sucht, der findet Ihn, wer sich selbst sucht, der findet sich und auch wer nach anderen Dingen Ausschau hält, der findet reichlich.

Nicht das, was ihr vorgebt zu sein, sondern das, was ihr tatsächlich seid, kommt nur auf die Waagschale Gottes, damit Er euch in die für euch angemessenen Wohnungen geleiten kann.
Was ihr sagt, zählt nichts vor Gott, was ihr tut, zählt nichts vor Gott, nur wie ihr innerlich wirkt, wie sich eure lebens- oder todstiftenden Gedankenschleifen auswirken, das zählt, so euch der Schöpfer in Seinem Lichte ausleuchtet.

Die Wahrheit setzt sich durch – und der Boden, der das Samenkorn der Achtsamkeit und das Samenkorn des Friedens aufgenommen hat, bleibt fruchtbar über alle Ereignisse der Zeiten hinweg.

Nährt euch und kommt. Noch ist es dafür Zeit.

Der Schöpfer ist mit uns. Gebt euch Ihm hin, wie sich das Samenkorn der Aussaat hingibt.

Ich bin das ewige Licht, der zurückgekehrte Sohn Gottes

JESUS SANANDA

Vom Leid

Johannes der Täufer

Wer heute noch das Leid in seinem Herzen beherbergt, zieht Unglück heran und sät die Frucht der Fäulnis, denn auf einem Boden voller Schmerzen wachsen nur so lange gute Früchte, wie die Erkenntnis mit jeder Ernte zunimmt.

Heute gilt es zu erkennen, dass sich das Leid aus dieser Welt verabschiedet hat und somit gilt es alle Verknüpfungen dahin zu tilgen und aufzulösen; Leid befreit und heilig sollt ihr sein und nicht der nun vergangenen alten Zeit des Leides treue Diener bleiben.
Warum jedoch beschäftigen sich die Menschen immer noch mit dieser Plage, die das Leben zurückdrängt?

Es sind die verzweifelten Seelen, die wissen, dass sie nun alles aufgeben und ablegen müssen, diese sind es, die diesen letzten Schmuck, der ihnen Selbstwert vermittelt, unter allen Umständen behalten möchten.

Ist eine Seele in ihrer Schönheit noch nicht angekommen, fühlt sich ein Mensch nicht ganz und vollkommen, so erschafft sich dieser das Leid, damit er sich erleben und erfahren kann.

Dadurch findet eine innere Berührung durch die Energie des Leides statt und dieser Mensch hat den Eindruck, von besonderem Wert und aus besonderem Holz geschnitzt zu sein. Dabei erlebt dies der Mensch aufgrund des Mangels an Liebe derart und, wo die Liebe ausbleibt, wendet sich ein Geschöpf dem Wesen des Leides zu, um sich selbst zu fühlen, zu spüren und zu erfahren.

Wer seine Selbstwertthemen offen hat, der neigt dazu im Leid zu baden. „Seht her", so ruft dieser Mensch und so sich die Menschen abwenden, bleiben Verwunderung und neuer Schmerz zurück.
Dem Leid liegt immer Unerlöstes und Unvollkommenes zugrunde. Fehlverhalten ist die Ursache dieses Zustandes und der unbedingte Wille, sich selbst über diese Ebene zu erfahren.

Wer zur Selbstliebe nicht fähig ist, der verkümmert in falschen Demutsgesten und der sucht das Leid, um im Schmerz die Spur zu sich selbst aufzunehmen.

Das Leid ist sichtbar gewordener Irrtum, jetzt, da sich die karmischen Lasten auflösen. Jedoch nicht alle Menschen haben Teil daran und sie finden sich auf einer neuen Karma-Spur wieder, bis dass auch sie erkennen, dass sie davon befreit werden können, so sie es aus ganzer Seele verlangen.

Heute, da die unterschiedlichen Hologramme sich überlagern, findet ihr alles vor, jeden Entwicklungsgrad eines Wesens. Also lasst euch bitte sagen:

Wer aufsteigt in die fünfte Ebene des Lichts, der weiß um die Dinge, wer zurückbleibt, der hat sich vor Monaten vom Wissen, das dazu vom Himmel gegeben wurde, abgetrennt.

Die letzten karmischen Bänder können nun gelöst werden. Neues Karma ist ausgeschlossen, so ihr gereift und bereit seid. Die jedoch, die weder hören noch sehen, was ist, die bleiben treue Verwalter ihrer eigenen Geschichte und vollziehen den nächsten Kreis ihres Lebens in der vergänglichen Schöpfung.

Beendet eure Reise nun und lasst euch helfen.

Wer sich selbst noch fremd ist, der bleibt auch dem Himmel fremd, denn:

Der Herr erkennt seine Kinder, die zurückwollen, daran, dass sie ohne Lasten an der Pforte in das Licht um Einlass bitten.

Ich bin der Verkünder der Frohen Botschaft und der, der nach mir kommt, ist das lebendige Beispiel dafür –

JOHANNES DER TÄUFER

Von der Glückseligkeit

Jesus Sananda

Geliebte Kinder Gottes, eine jede Reise endet, gleich wie lange sie gedauert, gleich wie anstrengend deren Wege waren, gleich wie erfahrungsreich sie sich in eine Seele grub.

Nun beenden wir ein Kapitel der Menschheitsgeschichte und wir öffnen das Buch des Lebens, das ewig ist.

Den Tod streifen wir ab, dem Leben wird nun gehuldigt.
Der Weg vom Leid in die Glückseligkeit ist beschritten. Fern der alten Pfade steht die Menschheit nun und am Wegrand versammeln sich die Meister aller Welten und aus allen Zeiten, die euch in das Reich des Herrn geleiten, die feierlich und Glied an Glied gereiht eine jede Menschenseele, die diesen letzten Korridor zu Gott beschritten hat, mit ihrer Liebe sicher in die Obhut des Schöpfers bringen.

Glückseligkeit ist das Attribut der neuen Welt, der neuen Zeit; und dahin werden alle die gebracht, die dem Ruf des Herrn mit ganzem Herzen Folge leisten.

Glückseligkeit bedeutet die absolute Abwesenheit von Schmerz. Glückseligkeit ist der Zustand der Götter und die Glückseligkeit wird nun am Menschen zu neuen Ehren erhoben, da sich viele Menschenseelen darauf vorbereitet haben und es auch sind.

Glückseligkeit ist der Zustand des All-Eins-Seins mit Gott und dieser erhabene Zustand soll im menschlichen Alltag auf der neuen Zeitlinie ab 2013 Einzug erhalten.

Wer mit sich im Reinen, mit dem Leben und der Menschheit versöhnt ist, wer im Friedensreich angekommen und in der Liebe des Schöpfers seine neue Heimat gefunden hat, der wird mit der Glückseligkeit beschenkt, um neuen Reichtum zu erfahren aufgrund der Gnade Gottes.

Für Menschen die, die alte Welt verlassen und die in die neue Welt eintreten, steht ein Geschenkkorb bereit, in dem die Glückseligkeit den größten Platz einnimmt und in dem sich der Frieden, die Wahrhaftigkeit, der Edelmut, das Mitgefühl und die Liebe finden.

Durch die Glückseligkeit wird alles Unvollkommene vollkommen, wird jede Krankheit geheilt, wird jeder Irrtum geklärt und wird jede Erinnerung an die Vergänglichkeit ausgelöscht.

Hohelied der Glückseligkeit

Glückselig die, die sich erhoben haben.
Glückselig die, die vorbereitet sind.
Glückselig die, die Gott verehren.
Glückselig die, die bei sich selbst angekommen sind.

Glückselig die, die sich dem Leben weihen.
Glückselig die, die ohne zu zögern handeln.
Glückselig die, die aus dieser Welt scheiden.
Glückselig die, die in sich selbst den Frieden finden.

Glückselig die, die wissen.
Glückselig die, die sehen.
Glückselig die, die hören.
Glückselig die, die Gott in allem erkennen.

Glückselig die, die alles aufgeben.
Glückselig die, die alles erlösen.
Glückselig die, die alles erkennen.
Glückselig die, die sich ganz Gott ergeben.
Glückselig die, die mich lieben.
Glückselig die, die zu bedingungsloser Selbstliebe fähig sind.
Glückselig die, die sich unentwegt wandeln.
Glückselig die, die vom Licht Gottes ernährt werden.

Glückselig bist du, der du diesen Worten folgst,
denn wahrlich, du gehst ein in sein Reich – heute noch und
nach dem du entschieden hast, die Reise durch Zeit und
Raum durch das Aufgeben allen Leides zu beschließen.

Noch ist etwas Zeit dazu.

Haltet euch bereit, denn so der Herr euch ein letztes Mal befragt, dann müsst ihr schlüssig sein und wissen, wohin ihr euch verbinden möchtet. Die Zeit der Weltentrennung ist angebrochen, die letzten Transfers finden statt.
Einmal noch wird durch die Gnade des Herrn einem jeden Menschen Gelegenheit gegeben sein,

Ja, ich will, zu bekräftigen oder es zu widerrufen; ehe sich für eine ewig dauernde Epoche in der Zeit die Korridore schließen.

In unendlicher Liebe bitte ich euch, den Herrn zu erwarten. Wählt.

JESUS SANANDA

Von der Güte

Johannes der Täufer

Wer zur Güte fähig ist, der ist fähig, allen Wesenheiten neues Leben einzuatmen.

Güte vergibt, Güte ist mildtätig, Güte versteht, Güte gewährt, Güte nimmt an, Güte erträgt, Güte ist der Schlüssel zum Tor der Liebe und akzeptiert bedingungslos jeden Ausdruck eines Lebens.

Nachdem ein Mensch durch seine Täler des Schmerzes geschritten, nachdem ein Mensch sich selbst vom Leid erlöst, nachdem ein Mensch sich erhoben hat und auf zum Himmel blickt, wird sein ganzes Wesen von der Güte erfasst, da in diesem Moment alles verstanden und eingesehen wird.

Zur wahrhaftigen Güte fähig sind die, die ihre Selbstbegrenzungen erlöst und die sich selbst ganz angenommen haben.

Jedoch, diese Zeit bringt – immer noch - einen Abklatsch von Güte hervor.

Der aus den Herzen jener Menschen fließt, die auf den Schein ausgerichtet sind und die ihr „Gut-Sein" sichtbar in die Welt streuen, um dadurch einen inneren Mangel zu kaschieren.
Diese Güte ist wie ein ungestimmtes Instrument, das nur Misstöne hervorbringt, so man durch Musik zu den Menschen sprechen will.

Wollt ihr die Güte sprechen lassen, so stimmt eure Oktaven der Seele, stimmt euch ein auf eure göttliche Schwingung, wodurch alle Missklänge aufgelöst werden und der reine Klang aus eurem Herzen hervortritt.

Zur Schau getragene Güte ist Sünde, da sich ein Mensch gegen sich selbst versündigt, indem er Anerkennung im Außen sucht, und die Fülle im Inneren dadurch leugnet.

Wahrhaftig gütig sind die, die sich selbst erkannt haben, denn erst die sind in der Lage, jedes Leid zuzuordnen und es in seiner Tiefe zu erfassen.
Solch ein Mensch wird nie ein Urteil sprechen, wird nie sich hinreißen lassen zum Verurteilen, denn solch ein Mensch weiß, dass ein jeder Mensch durch ein Leben in der Unkenntnis das Urteil über sich selbst spricht.

Die Güte breitet sich unter den Menschen aus, wie eine Flut auf das Land trifft, so erreicht nun die Güte die bisher brachliegenden Menschenseelen.
Denn viele haben gesehen, viele haben sich selbst erfahren, in ganzem Ausmaß und ohne vor den dunkelsten Bereichen in sich selbst zurückzuweichen.

So gehet hin und speist die Menschen, die sich nach Erlösung sehnen, von diesem süßen Nektar Gottes – der Güte. Es sind die wahrhaftigen Sucher, die sich ihren letzten Themen bedingungslos ergeben wollen.
Mit der Güte und mit dem Mitgefühl. So gehet hin, damit sich die Liebe ausdehnen kann.

Ich bin der, der euch dazu aufruft.
So gehet hin.

JOHANNES DER TÄUFER

Vom rechten Leben

Jesus Sananda

Geliebte Menschenkinder, seitdem ich unter euch bin, erneut als Mensch unter Menschen, ist die Welt eine andere geworden. Und sie verändert sich weiter. Sichtbar gestaltet sich die Gesellschaft um und es gesundet der Planet.

Mutter Erde beherbergt das Menschengeschlecht und ist sich ihrer Verantwortung bewusst, denn so sie sich mit einem Ausatmen verwandeln würde, würde diese Welt nicht mehr bestehen.

In ihrer Mildtätigkeit und Liebe zu den Menschen hat sich Mutter Erde dazu entschieden, den Wandel mit aller Sanftheit, die möglich ist, zu bewirken. Dies geschah, da sich immer mehr Menschen für das „rechte Leben" entscheiden; und davon möchte ich zu euch nun sprechen.

Recht ist, was allen dient, und nicht, was einer kleinen Klientel nutzt! Recht ist, was niemandem Vorteile bringt, die andere entbehren müssen.

Recht ist, so niemandem Schaden zugefügt wird, auch dann nicht, so dies unbewusst und ohne finstere Absicht geschieht.

Und stündlich entscheiden sich mehr Menschen dafür, solch ein Leben zu beginnen. Sie „erziehen" sich dazu, sie ermahnen sich selbst und sie beobachten ihr Denken und ihre Taten. Das „rechte Leben" wird in einem sich selbst bewusst gewordenen Menschen geboren. Ist diese Geburt erfolgt, so verändert sich der Mensch und wird rechtschaffen, friedfertig und erhaben über die Dinge, die andere und ungeklärte Menschen noch tief in den Sog des Karmas ziehen.

Das Karma existiert weiter, ihr Kinder Gottes.
Auch wenn euch gesagt wurde, dass die Zeit, in der das Karma endet, angebrochen ist, so bleibt es immer noch eure freie Wahl, ob ihr denn diese Gnade Gottes annehmen wollt. Viele entscheiden sich voller Freude und Sehnsucht für die Freiheit, viele entscheiden sich voller ungezügeltem Erfahrungsdrang für die weitere Gefangenschaft auf Welten, die Karma erzeugen und Karma erlösen.

Ihr aber, die ihr aufgestiegen seid, habt das Gewand der Rechtschaffenheit erhalten und so gestaltet sich diese Erde in Windeseile um.

Vom „rechten Leben" zu sprechen, ist wie vom ewigen Lebensfluss der Fülle Gottes zu sprechen, denn wer nicht fehlgeht und wer sein Herz auf die Schwingung der Schöpfung ausgerichtet hat, gelangt schneller ans Ziel als der Wüstenwind ein Sandkorn zur Oase trägt.

Recht zu leben verstehen die, die jedes Ereignis in der Welt und in ihrem Leben unter der Lupe der Wahrhaftigkeit betrachten, damit sie sich keinerlei Irrtümern hingeben.

Und wahrlich: Wahrhaftigkeit ist unter den Menschen eingekehrt und das ist Anlass dazu, dass Mutter Erde ihre Pläne, sich zu wandeln, an das erwachende Bewusstsein der neuen Menschheit angeglichen hat.

Je rechtschaffener, je sanftmütiger, je gütiger die Menschen sind, desto milder verläuft die Transformation des Planeten.

Die Energie der Menschen wird von Mutter Erde direkt aufgenommen und in die Transformation eingespeist.

Geehrte Menschen, bleibt weiterhin am „rechten Weg".
Lasst euch durch nichts abbringen von der Wahrhaftigkeit, die den Nährboden dazu bildet.
Ein rechtes Leben gelingt, sobald ihr unerschrocken jedes Unrecht benennt und sobald ihr euch selbst von jedem Unrecht - möge es noch so verlockende „Vorteile" bieten – abwendet.
Schreite weiter und erwache in diese Wirklichkeit.
Je mehr sich dem ergeben, desto leichter ist der Wandel – für Mutter Erde und für dich.

Ich bin die Liebe

JESUS SANANDA

Von der Sünde

Johannes der Täufer

Geliebte Menschen, die ihr nun die Sünde abstreift, da ihr beginnt, eurer göttlichen Natur zu gehorchen und ihr zu entsprechen.

Die Sünde wird entweder geleugnet oder als eine nahezu allmächtige Geisel, die aus der Menschenseele nicht und nicht weichen möchte, dargestellt.
Beides ist unrichtig! Richtig ist: Die Sünde existiert, solange ein Mensch von Gott abgetrennt ist, sich selbst abgetrennt hat oder durch Umstände vom Schöpfer abgetrennt wurde. In dem Moment, wo sich ein Mensch seiner göttlichen Natur bewusst ist, „versündigt" sich ein Mensch nicht mehr und dieser weiß, sich wie eine Gottheit zu verhalten.

Die Geburtsstunde der Sünde fand in dem Moment statt, in dem sich der Mensch in Zeit und Raum jenseits von Gott verlor.

Alle Mangelerscheinungen, die daraufhin erfahren werden konnten, boten den Nährboden, auf dem die Sünde gedeihen konnte.

Und wahrlich es gibt nur diese eine Sünde, sich selbst zu leugnen und Gott zu leugnen, denn dadurch gelangen alle Irrtümer am Weg, werden Zustände des Mangels erst wirklich. Jedem Mangel liegt der Mangel an Gottes-Erkenntnis zugrunde.

Ein Mensch, der sich im Mangel erlebt, der dies und jenes entbehrt, der rastlos nach vergänglichen Gaben sucht, der sündigt folglich, da er sich von der Fülle Gottes, wodurch unentwegt für alle und für alles gesorgt ist, ausschließt.
Ein Mensch, der sich in der Eifersucht und im Neid erfährt, der sündigt gegen sich selbst, da sich diesem die Wahrheit, dass er in sich selbst vollkommen ist und nichts entbehren muss, entzieht.
Ein Mensch, der sich von der Urquelle allen Seins abtrennt, der sündigt, da er seinen ewigen Vater leugnet und seine ewige Mutter vergessen hat

Trennung erzeugt Konflikt und aus diesem Konflikt bahnt sich die Sünde als „Fehlverhalten" den Weg.

Wie kann die Sünde überwunden werden?
1) Durch die Anerkennung Gottes und durch die Anerkennung des Planes, den Gott mit dir hat.
2) Durch die Anerkennung deiner Göttlichkeit und die Anerkennung der Aufträge, die dir vom Schöpfer übertragen wurden.

Die Sünde existierte auf 3D, wie das Karma existierte. Sünde kommt durch falsches Verhalten zustande; und falsch ist, wenn sich ein Wesen gegen seine göttliche Natur stellt. Der Zustand der Sünde endet in dem Augenblick, in dem ein Mensch sich in seiner Wahrheit schaut.

Auch ist die Rede von der „ewigen Verdammnis".
Wahrlich: Diese ist ausschließlich im Reich jener lebendig ist, die die Menschen vom Leben abhalten wollen.
Gott verdammt niemanden und schon garn nicht auf ewig. Auch ist der Mensch nicht dazu erschaffen, um sich selbst in die Verdammnis zu führen. Einem jeden Menschen stehen, gleich wie weit sich dieser von Gott entfernt hat, Engel zur Seite, die schlussendlich dafür sorgen, dass ein jeder das Tor in das Licht findet – schlussendlich und zur Zeit, die dafür vorgesehen ist.

Sünde ist der Irrtum, der durch falsche Gedanken, unbedachte Worte und dunkle Taten hervortritt und durch das Gesetz von Ursache und Wirkung findet eine jede Sünde von selbst den Ausgleich.

Das Ende der Sünde bedeutet das Ende des Karmas.
Adam und Eva sind beispielhaft für den Weg, den die Sünde nahm, als sich der Mensch entgegen dem göttlichen Willen entschloss, vom Baum des Lebens zu speisen. Ein Sinnbild, das bis heute nicht verstanden ist, denn wahrlich: Die weibliche Energie (Eva) repräsentiert die Intuition und das Gefühl und das emotionale Bewusstsein, die männliche Energie (Adam) repräsentiert den Verstand und das mentale Bewusstsein.

Beide mussten sich vereinen, um auf der dritten Dimensionsstufe anzukommen.

Die „verbotene Frucht" symbolisiert den Geschlechtstrieb, das heißt, es ist die Frucht, die das Menschsein auf dieser Ebene möglich macht. Hätte Adam davon nicht aus den Händen Evas gekostet, wären diese Erfahrungen niemals möglich gewesen, wäre das Abdriften des menschlichen Bewusstseins in die 3D nicht geschehen. Jedoch genau das war vorhergesehen. Warum also verbietet Gott etwas, was dem Plan des Schöpfers entspricht?

Aufgrund der freien Wahl.
Das heißt, Adam und Eva sollten selbst entscheiden, was sie wählen. Ob sie den Weg in die Dualität eintreten und dadurch eine neue Welt erschaffen oder aber, ob sie selbst ganz bleiben, in sich eins, in sich mit Gott vereint ohne das Bedürfnis, von der Frucht, die das Trennende hervorhebt, zu kosten.

Adam und Eva waren ursprünglich vollkommen erwachte Geschöpfe Gottes: Allgegenwärtig in der Schöpfung und entschlossen zu diesem großen Dienst der Liebe, indem sie sich von der Quelle abtrennten, um eine neue Schöpfung zu erschaffen, um neue Erfahrungen zu ermöglichen und um das Wachstum der Unendlichkeit Gottes mit neuen schöpferischen Impulsen anzureichern.

Plötzlich erlebten sie sich als nackt. Das bedeutet, plötzlich erlebten sie sich abgetrennt von Gott und in sich nicht mehr vollkommen: Vollkommen als männliches Abbild Gottes, vollkommen als weibliches Abbild Gottes.

Durch diesen „Sündenfall" entstanden alle Unvollkommenheiten, die die Welt der dritten Dimension auszeichnen; und diese Welt verlassen wir nun und wir gehen ein in Gott und werden wieder ganz.

Das heißt: Das Bild, das euch von Adam und Eva übermittelt wird, gilt es zu berichtigen, denn wahrlich: Es gibt keinen größeren Dienst einer Wesenheit als den, sich ganz bewusst vom Licht in die Finsternis zu begeben.

Die Zeit, in der die Menschen sich selbst als „Baum des Lebens" erkennen, da alles überwunden wird, was trennt, und da sie selbst das Leben, der Baum, die Wurzeln und die Krone geworden sind, ist angebrochen. In sich vollkommen beenden sie ihr Spiel der Täuschung, der Sünde und des Karmas.

Vorbei ihr geliebten Menschen, wir haben eine lange Zeit durchmessen, ehe sich das Ereignis des Wandels manifestieren durfte. Es ist soweit und die Gnade des Herrn erschafft eine Wirklichkeit, die fern aller Vorstellungen die grenzlose Schöpfung für uns alle offensichtlich macht.

Ich bin der Rufer des Schöpfers,
ich bin der Rufer der Schöpfung

JOHANNES DER TÄUFER

Von der Gnade

Jesus Sananda

Durch die Gnade Gottes erlangen Menschen Weisheit, werden sie frei von Sünde und finden Erlösung von Karma.

Ihr habt Ihn vernommen, da er zu euch von der Sünde sprach, und nun vernehmt mich, da ich zu euch von der Gnade, die jede Sünde auslöscht, spreche.

Die Gnade Gottes beginnt zu wirken, sobald ein Mensch seine verlorene Spur zu sich selbst wieder aufnimmt. Sobald ein Wesen den Weg des Irrtums verlässt und den Weg der Erkenntnis betritt, tritt ER, der große Eine, sichtbar in dieses Leben und aktiviert die Gnadenfelder, die ein Wesen zum weiteren Wachstum benötigt.
Die Gnade Gottes wird gewährt, sie wird gegeben und kann durch nichts erzwungen werden. Jedoch sie ist allgegenwärtig und braucht daher auch nicht „erzwungen" werden. Die, die ihr Leben auf Gott, ihren Schöpfer, ausrichten, werden unablässig durch Seine Gnade erfüllt.

Gnade ist die niemals versiegende Energie der Liebe und der Fülle, die von der Urquelle allen Seins jenen Menschen ununterbrochen zufließt, die an die Quelle allen Lebens angeschlossen sind.

Wie könnte Gott Gnade gewähren, da, und Gnade entziehen, dort, so sich ein Mensch nicht wohl verhält?
Wie das, wo die Liebe des Schöpfers unbeeinflusst von jeder Wahl und bedingungslos ist wie die Liebe einer Mutter, die alle ihre Kinder gleich liebt, auch wenn ihr nicht alle in gleicher Weise folgen.

Fern bleiben der Gnade nur die, die sich selbst davon ausschließen und abtrennen, da sie ihren selbsterschaffenen Lebenszyklen folgen. Lebenszyklen, die in tiefe Täler, trockene Wüsten und dunkle Regionen führen, wobei der Mensch die Bekanntschaft mit der Sünde macht. Fern des Schöpfers wird gelebt, gelitten und gestorben, bis man gesättigt ist davon und sich dem Licht erneut zuwendet.

Augenblicklich beginnt die Gnade Gottes zu wirken, so ein Mensch umkehrt, so er zurückkehrt zu sich selbst und zu Gott. Denn Umkehr bedeutet immer Ankunft in den Armen des Vaters, im Schoß der göttlichen Mutter, die ein verlorenes Kind so lange entbehren musste.

Über jedes zurückgekehrte Kind breitet der Schöpfer schutzvoll seine Allmacht aus – augenblicklich.
Sobald du umkehrst, wirkt die Gnade des Herrn, und dein Leben wendet sich vom Dunkel in das Licht – augenblicklich.

Es braucht nur die eine Entscheidung, die im Aufgeben des Weges der Finsternis begründet ist, dann ist alles geschehen, was geschehen muss, damit sich Gottes Wirken in einem Leben allmächtig ausbreiten kann.

Die freie Wahl ist der Ausgangspunkt zu jeder Evolution.

Die Entscheidungen des Menschen bringen jene Früchte hervor, die erwartet werden oder die unerwarteter-weise für Erfülltheit oder für Erschütterung sorgen.
Gott ist immer bei dir, immer in dir und immer durch dich lebendig.

Die Gnade Gottes gilt es, wie der Blütenstaub die Bienen lockt, anzuziehen - damit die spirituelle Essenz, der süße Honig der spirituellen Verwirklichung, hervortreten kann.

Denn wer seiner göttlichen Natur gehorcht, der Liebe und der Wahrheit dient, der bereitet sich selbst den Weg, auf dem sich die Gnade Gottes wie ein ständiger Strom der Fülle ausbreitet.
Gehet ein in Gott – dann habt ihr Sünde, Karma, Irrtum abgestreift – dann wirkt der Schöpfer durch dich, wie Er durch mich wirkt.

Ich bin bei dir seit Ewigkeit,
der Schöpfer weiß um deine wahre Größe.
Ich berühre dich im Lichte der Liebe
Komm – erwache.

JESUS SANANDA

Vom Vertrauen

Johannes der Täufer

Wer vertraut, der hat alles, wer sich bei jeder Witterung ganz Gott überantwortet, der bleibt der Fels in der Brandung, der bleibt lebendig in Ewigkeit.

Im Gott-Vertrauen findet der Mensch sich selbst und im Selbst-Vertrauen findet der Mensch zu Gott.

Diese Zeit fordert von euch diese Wahl:
Die Wahl, ob ihr Gott vertrauen wollt und euch selbst vertrauen. Diese Zeit benötigt diesen festen Entschluss, ansonsten bleibt man den Gegebenheiten ausgeliefert und steht diesen ohnmächtig gegenüber.

Warum ist es für viele Menschen so schwer zu vertrauen? Da sie die Kontrolle über ihr Leben nicht abgeben können und es noch nicht möchten. Kontrolle verbaut den Weg zum Vertrauen in Gott und in das Selbstvertrauen.

Kontrolle, die durch den Verstand ausgeübt wird, vereitelt jede Anknüpfung an den göttlichen Funken in euch, wodurch die Verbindung zu Gott erfahren werden kann.

Viele Menschen wollen die Macht des Verstandes nicht abgeben und sie verlassen sich ganz auf die Erklärungen, die der Verstand ihnen für das Leben liefert. Logisch, schlüssig und berechenbar gestaltet sich ein solches Leben bis zu dem Punkt, an dem die Logik, die Schlussfolgerungen und die Berechenbarkeit versagen, da sich das Abnorme, das Unerwartete, das nie Vorherzusehende einstellen – was jetzt, was dann?

Vor dieser Frage stehen nun viele Menschenkinder, da die verstandesmäßigen Lebenskonzepte scheitern; und diese Konzepte müssen scheitern in dieser Zeit, die das Göttliche in der Erde verankert und es aus den Menschenherzen hervorholt. Das bedeutet, dass viele Menschen derzeit verzweifeln, dass nichts mehr so funktioniert wie bisher, da sich jede Berechenbarkeit des Lebens aufgelöst hat, da die Macht des Egos gebrochen und zur Bedeutungslosigkeit degradiert wurde.
Was lange Zeit einfach abzusehen war, bleibt nun aus. Im Beruf, in den Freundschaften, in den Ehen, in den religiösen Gemeinschaften, in den staatlichen Institutionen – überall zieht der Wind der Unberechenbarkeit ein und davor fürchten sich die Menschen, die bisher der Berechenbarkeit des Lebens vertrauten.

Vertrauen in die Begrenztheit des Verstandes, oder Vertrauen in das unbegrenzte Fassungsvermögen Gottes und des göttlich menschlichen Geistes?

Vor dieser Wahl stehen die Menschen nun. Dass viele Lebenskonzepte scheitern, ist eine große Hilfe für alle, die vage sind, die die göttliche Führung außer Acht lassen, für alle, die auf der Seelenebene entschieden haben aufzusteigen, im Alltagsbewusstsein davon jedoch (noch) keine Kenntnis besitzen.

Gott gibt nun einmalige Lektionen zum Wachstum. Es bleibt keine Zeit mehr, um Zeit zu verlieren.
Wer heute in seinen selbstgewählten Programmen vom Verstand dominiert und vom Ego-Bewusstsein am Leben erhalten wird, haften bleibt, der bleibt haften auf der niedrig schwingenden Erfahrungsebene dieser Erde.
Wer heute im „Misslingen seines Lebens" seine große Chance erkennt, der erbt den Himmel hier auf Erden und nicht erst im Jenseits; am Tag, der als der „Jüngste Tag" bezeichnet wird, der Moment, an dem der Herr all Seine Kinder zu sich holt.

Die neue Zeit ist die Zeit des bedingungslosen Urvertrauens in die Richtigkeit aller Dinge:
   In die Richtigkeit aller Dinge im Leben des Individuums und in die Richtigkeit aller Dinge im universellen Zusammenhang. Auf der Erde, die nun entsteht, löst sich die Illusion von der Abwesenheit Gottes vollständig auf. Gleich was kommt, das Vertrauen in die göttliche Führung werden die Menschen als absolut erkennen und annehmen, und nichts und niemand wird dieses Urvertrauen erschüttern können.

Ein leichtes Spiel hatten die Mächte der Finsternis
bisher, denn durch die Saat des Zweifels wurden viele
Menschenkinder vom Gott-Vertrauen abgehalten.
Nun aber sehen die Menschen, dass sie scheitern, dass sie
durch den Zweifel vom Glück und vom Leben abgehalten
werden, und sie sehen, dass sich die bisherigen Sicherheiten
auflösen.

Das kann nicht länger ignoriert werden, gleich wie sehr man
das auch möchte. Die Menschen werden nun aufgrund ihres
freien Willens an den Punkt geführt, an dem sie wählen
müssen:
1) Gott-Vertrauen oder/und Selbst-Vertrauen.
2) „Vertrauen" in die altbewährte Weltenzeit und weiterhin
nach Erfahrungen zu suchen.

Werden die Menschenkinder umkehren, werden sie den Weg
zu Gott finden und wird sich Gott ihnen offenbaren können?
Viele werden finden, denn für viele ist das Scheitern das
Geschenk, um zu erwachen und ihre Seele freizulegen.

***Selbstvertrauen bedeutet, seinem göttlichen Selbst, seiner
göttlichen inneren Führung zu vertrauen.***

Sprechen Menschen vom „Selbstvertrauen", so ist gemeinhin
gemeint, dass sie ihrem auf menschlicher Ebene erworbenen
Wissen und Fähigkeiten vertrauen. Das ist etwas gänzlich
anderes. Dieses „Selbstvertrauen" ist durch das Außen
definiert und entspringt nicht dem Innersten eines Wesens.

Es ist ein Leichtes, dieses „falsche" Vertrauen ins Wanken zu bringen oder es zu fördern; in beiden Fällen bleibt ein Mensch abhängig von der Umgebung, von jenen, die Zuspruch oder Ablehnung erteilen.

Versteht bitte nun folgendes:

Nur in Gott könnt ihr euch zu eurer bleibenden wahren Größe ausdehnen. Solange ihr den gesellschaftlichen Normen von Wert und Selbstwert entsprechen wollt, solange bleibt ihr eurem tatsächlichen Wert und eurem ursprünglichen Selbstwert fern.

Gott führt die Menschheit nun ins Licht. Und damit die Menschen das Licht als Licht erkennen können, werden sie im Gott-Vertrauen geschult und ins Selbstvertrauen gebracht.
Die göttliche Lebensschule hat begonnen, direkt angeleitet vom Schöpfer - VERTRAUT. Je mehr euch euer Leben „misslingt" je mehr euch alles „entgleitet" und je eher ihr vor den Trümmern eures alten Lebens steht, desto näher seid ihr dem Anfang vom ewigen Leben in Gott. Nur die, die sich von der göttlichen Fülle abtrennen, bleiben ausgenommen davon. Die Zeit der Wahl ist angebrochen.
Gott führt jeden Menschen in das Licht und es ist der Mensch selbst, der den Zeitpunkt dafür bestimmt.
Erkennt den Wert dieser einmaligen Zeit.
Gott ruft dich, lausche Seinem Flüstern aus der Ewigkeit.

JOHANNES DER TÄUFER

Vom rechten Zeitpunkt

Jesus Sananda

Geliebte Kinder Gottes, vom rechten Augenblick spreche ich zu euch nun, denn viele Menschen zögern und versäumen Gelegenheit um Gelegenheit, um ihr Leben gänzlich dem Lichte zuzuwenden.

Viele Menschen fragen sich: „Wann ist der richtige Moment für diese oder jene Entscheidung, wann ist der richtige Zeitpunkt, um dies oder jenes zu beenden oder zu beginnen, wann ist der richtige Augenblick, um alles hinter mir zu lassen und das neue Leben zu beginnen?"
So fragen viele von euch und ihr wisst nicht weiter.

Wahrlich, ich sage euch: Der richtige Zeitpunkt ist immer das JETZT. In dem Moment, wo ein Mensch ein tiefes inneres Bedürfnis für Veränderung verspürt, ist es Zeit zu handeln. Wie handeln?
Indem innerlich das Neue vollständig angenommen wird.
Indem ihr um göttliche Führung bittet.
Indem ihr sofort handelt, so ihr das Gefühl dazu habt.

Schiebt niemals etwas auf, was sich deutlich so darstellt, dass es sofort gelöst werden muss.
    Zögert niemals, so euch eure innere Stimme in diesem Augenblick zu bestimmten Handlungen aufruft.
Setzt die Impulse, die euch eure allwissende innere Führung sendet, jetzt um, denn jeder Impuls hat seine Zeit und wird immer im Jetzt gegeben.

Beginnt euch mutig in die Tiefe zu stürzen, wenn ihr ganz deutlich erkennt, dass ihr weder abwarten noch ein Sicherheitsnetz aufspannen sollt.

Dadurch erwerbt ihr Vertrauen; Vertrauen in euch selbst und Vertrauen in Gott.

Die innere göttliche Führung kennt euren Lebensplan besser als der menschliche Verstand und das menschliche Ego-Bewusstsein.
Beginnt damit, euren Eingaben und inneren Impulsen zu folgen. Heute könnt ihr darauf vertrauen, heute habt ihr ein Maß an Klarheit und Geklärtheit erlangt, wodurch dieses Vertrauen gerechtfertigt ist.
So ihr ungewiss seid, so ihr unsicher seid, so bittet um Bestätigung eurer inneren Eingaben und ihr werdet Bestätigung erhalten.
Sobald sich ein Gefühl, eine Empfindung, ein Impuls drei Mal wiederholen, sobald euch auf den unterschiedlichen Ebenen eures Wesens (Träume, Begegnungen, Eingaben) Bestätigung widerfährt, gilt es unbedingt zu handeln.

Jedes Ignorieren der inneren Führung hat zur Folge, dass sie sich zurückzieht und darauf wartet, bis ihr dafür bereit seid; so wie ein Meister einen Schüler dann erwartet, wenn er für die Meisterschulung bereit und dafür gereift ist, so erwartet eure innere Führung euer dafür geöffnetes Wesen, um mit diesem zu arbeiten.

Missachtet ihr eure innere Führung, so missachtet ihr euch selbst. Vertraut darauf, dass der richtige Zeitpunkt immer im Jetzt ist, wäre es anders, so würden euch gewisse Ereignisse später und zu anderer Zeit eingespielt.

Vertraut, prüft, bittet um Bestätigung und handelt immer im und durch das Jetzt.

Vom „rechten Zeitpunkt" zu sprechen, pflegen die, die das Jetzt unbeachtet lassen, im rechten Zeitpunkt zu handeln, verstehen die, die fern der Worte das Jetzt für ihren Fortschritt nutzen.

Gott ist groß, vertraut daher, denn was durch Gott nun zu euch gelangt, ist die Schule der Weisheit, damit ein jeder die Gelegenheiten vorfindet, um schließlich als Sohn Gottes, als Tochter Gottes wiedergeboren zu werden.
    Ich bin der Anfang und das Ende, ich bin das Leben und das Licht, ich bin die Fülle und die Liebe.
Wer an mich glaubt, wird das Himmelreiche erben und zu sich selbst zurückfinden, denn wahrlich:
Gott und der Mensch sind eins – in Ewigkeit.

Vertraut, geht weiter, Schritt für Schritt. Vertraut in eure ewige unvergängliche spirituelle Essenz, die nun hervortritt, und die ihr so lange entbehren musstet.
Geht weiter ohne anzuhalten, ohne euch umzublicken, ohne nach dem Warum zu fragen.
Wisset, dass alles seine Richtigkeit hat, dass jeder Moment eures Leben einen heiligen Augenblick in Gottes zeitlosem Sein darstellt.

Und wahrlich: So ihr diesen heiligen Augenblicken wahrhaftig und entschlossen begegnet, habt ihr die Spur des Lichtes aufgenommen und den Weg der Liebe unwiderruflich beschritten.

Entscheidet jetzt. Jetzt ist das Jetzt.
Der Schöpfer dient euch in unendlicher Liebe und ich bin sein treu ergebener Sohn und mir seid ihr in eurer Liebe und durch euer Licht alle gleich.

JESUS SANANDA

Von der Familie

Johannes der Täufer

Geliebte Menschen, die wir sind in Gottes Hand!

Was ist Familie? Dieser Frage wollen wir im Lichte der Schöpfung näherkommen, denn bisher erfuhren die Menschen „Familie" zumeist begrenzt und/oder ausschließlich.

Die ganze Schöpfung ist eine Familie. Dies soll zuerst festgestellt sein.

Die ganze Menschheit ist eine Familie, auch das soll zu Beginn klargemacht sein. Und dennoch gibt es bedeutende Aspekte, die es zu erkennen und nach denen es sich zu richten gilt, möchte man glücklich und friedlich vereint mit der „Familie" auf Erden leben.

Als universelle Regel gilt und ist somit auch die Regel für die Erde: *Familie bildet die energetische Heimat, die spirituelle Zugehörigkeit einer Seele, und diese Familie ist ewig und aus der Ewigkeit.*

Heute finden sich viele dieser Familien auf Erden ein
und zusammen - und werden so immens bereichert. Viele
Menschen sind in der Lage dies zu erkennen und so erfüllt
sich deren Leben vollends.

Viele Begegnungen, die seit Äonen auf der Erde ausgeblieben
sind und ausbleiben mussten, finden nun statt und so
stehen sich die großen Engel, die ihr seid, und die großen
Menschenengel, als die ihr euch hier auf Erden erfahrt, nun
gegenüber und leben zusammen und in Einheit, um:
1) zum Wohle der Schöpfung und zum Wohle der Menschheit
den Dienst auf Erden zu verrichten und
2) um die letzten Karmaschichten zu erlösen, denn alle
Situationen, die sich aufgestaut hatten aus vielen Leben,
können, dürfen und sollen nun Erlösung finden – auch
und vor allem zwischen den aus der Urquelle verbundenen
Seelenfamilien.

Hier wirkt das Eine in das Andere und so wird alles in sich
eins, in sich vollkommen und ganz, am richtigen Ort zu
rechter Zeit.

Die Tatsache, dass sich nun viele Seelenfamilien
zusammenfinden, ist für die weitere Entfaltung der Erde
und der Menschheit sehr bedeutend, denn die Kraft einer
Seelenfamilie bewirkt vieles, was ansonsten unmöglich wäre.
    Und dennoch gibt es auch weitere Aspekte von „Familie"
und diesen wollen wir uns nun zuwenden.

Zunächst haben wir es mit Familie – auf rein menschlicher Ebene - zu tun. Das heißt, mit Vater, mit Mutter, mit Oma und Opa, eben mit allem was Familie ausmacht. Diese Familie ist zu ehren und mit allen Möglichkeiten gilt es deren Wohl und Einheit aufrechtzuerhalten . Diese kann, gleich ob aus der einer Seelenfamilie abstammend, für die Entwicklung einer Zivilisation den Ausschlag geben.

Wird das herkömmliche Familienleben zerstört, so wird die Gesellschaft zerstört, das heißt, die Menschen werden heimatlos und fühlen sich nicht mehr zugehörig, verlieren die Geborgenheit der Familie und schließlich auch das Vertrauen zu sich selbst.

Familie ist zu fördern, gleich welchem Ursprung, ob aus dem Licht als Seelenfamilie oder ob „zu-fällig" auf der Erde zusammengeführt.

Diese Familie, von der ich hier spreche, ist für eine bestimmte Entwicklungsstufe der Menschheit von großer Bedeutung; und nicht eher kann die Menschheit weiterschreiten, bis auch dies erkannt und dem Rechnung getragen ist. Derzeit gibt es viele Strömungen, die dem neue Möglichkeiten erschließen sollen und es auch werden.

Vor allem ist für jene Menschen, die noch keinen spirituellen Bezug zu sich selbst oder zum Kosmos entwickelt haben, diese Bindung an „Familie" bedeutend, damit sie den Halt nicht verlieren und das Urvertrauen erfahren können. Nun geschieht jedoch folgendes: Im selben Maße wie sich die irdischen Familien heilen werden sie auch aufgelöst.

Ein Widerspruch nur bei ungenauer Betrachtung, denn es ist so:
1) Je tiefer ein Mensch im Ur-Vertrauen zu seiner menschlichen Familie verankert ist, desto wahrscheinlicher ist es, dass er seinen Blick nach oben wendet und sich auf die Suche nach seiner wahren Familie begibt.
2) Bisher waren schmerzvolle Erfahrungen ausschlaggebend für die Evolution eines Menschen, nunmehr sind lichtvolle Erfahrungen nötig, um zu wachsen, denn die Zeit der Polarität löst sich auf.

Das ist wahrlich ein Wandel, der in das Leben der Menschen und die Art der Erfahrungen direkt eingreift.

So gilt es folglich auch diesen weiteren Aspekt von „Familie" zu beachten. Viele Menschen erkennen derzeit, dass sie in der Familie, in der sie sind, nicht „richtig" sind; und viele dieser Menschen hegen weder Groll noch Unmut darüber, sondern sie stellen es fest, wie man feststellt, ob die Sonne scheint oder ob es regnet.
Das heißt, sie begeben sich auf die Suche nach ihren tatsächlichen Wurzeln, die da sind im Himmel bei der Ursprungsfamilie.

Diese Menschen folgen ihrer inneren Stimme und obwohl sie mit den Menschen, mit denen sie auf Erden zusammengeführt wurden – als Familie – im Frieden sind und in Liebe leben – haben sie das Empfinden, einen Mangel zu erleiden; so als fehle etwas; und in der Tat, was fehlt, ist die tiefe seelische Verbindung, der tiefe innere Austausch, denn fern der Fürsorge, die sich menschliche Familien zukommen lassen, gilt es der Seele Nahrung zu spenden.

Ist das nicht gewährt, da es nicht gewährt werden kann, beginnt ein Mensch, der erwacht, unruhig zu werden und er begibt sich auf die Suche.
Und auf dieser Suche befinden sich nun viele Menschen. Es ist wahrlich eine sehr große Zahl, die ihre menschlichen Familien nun verlässt und sich auf den Weg zu ihren Ursprungsfamilien begibt. Um sich mit diesen auszusöhnen und um schließlich in die tiefe Erfülltheit, die diese Begegnung ausmacht, zu gelangen – bis die Gewissheit, „zu Hause" angekommen zu sein, eintritt.

Heute ist es Zeit für euch, dass ihr euch auf den Weg macht, um zu finden; und glücklich sind die, die bereits gefunden haben.
Aufgrund der inneren Sättigung, die das Zusammenleben der Seelenfamilien ausmacht, ist es möglich, Familie im globalen Sinne, also die ganze Menschheit als eine Familie und das Universum als die All-Eine-Familie, zu erfahren.
Warum nicht eher?
Da nur die Seelenebene die Fähigkeit besitzt, menschliche Grenzen zu überwinden.

Das rein menschliche Bewusstsein schafft Grenzen. Grenzen die nötig sind, um sich zu erleben und zu erfahren. Das göttliche Seelenbewusstsein überwindet alle Grenzen, da sie im Zustand der Seele nicht mehr benötigt werden: es gibt kein Ego, das sich angegriffen und belästigt fühlt.
Auf der Seelenebene gibt es spezifische Aufgaben, die jeder Seele und jeder Seelenfamilie zukommen.

Auch auf der menschlichen Familien-Ebene ist das derart, nur mit einem Unterschied:
Während sich die Seelenfamilien untereinander unterstützen und begleiten, während sie Achtung und Wertschätzung für die Anderen empfinden und niemals die „natürlichen Grenzen" einer Seelenfamilie verletzen würden, war es auf Erden bisher genau andersrum. Entweder erfuhren sich Familien als vollständig elitär, wodurch wenige Familien auf dieser Welt ideale Strukturen für sich selbst erschufen, hingegen wurde im Gegenzug das globale Familienbild bis zu dem Punkt aufgelöst, dass ein jeder seine Orientierung und Zugehörigkeit verlor, was den mächtigen Dunkelkräften die Sicherheit bot, die Menschen nach ihrem Willen zu formen. Hier wurden wahrlich zwei unteschiedlich Maßstäbe genommen, was für die einen unabdingbar war, wurde den anderen verwehrt.

Die Einheit und Grenzenlosigkeit, unter Achtung aller kosmischen Gesetze, ist der natürliche Zustand, so eine Seelenfamilien in der unsichtbaren Welt zum Wohle aller wirkt. Die Einheit und Grenzenlosigkeit, die vielerorts auf Erden beschworen wird, verläuft dem entgegengesetzt, da dadurch die Einmaligkeit der Menschen und der Familien zerstört werden soll.

Einheit bedeutet nicht Vereinheitlichung.
Einheit bedeutet, dass alle Menschen dem Lichte dienen, sich Gott verpflichten und ihre spezifischen Fähigkeiten, als Individuum oder als Seelenfamilien, zum Gelingen dieses Aufstieges einbringen.

Dabei ist jede Familie autonom, ist im Frieden mit sich und der ganzen Welt, da ihre Arbeit und ihre natürlichen Grenzen akzeptiert und von niemandem überschritten werden.

Der Begriff Einheit ist wie der Begriff Grenzenlosigkeit fehlinterpretiert und das schafft sehr viele Irrtümer. Erkennt hier eure Gedankenfehler, denn es ist ein Fehler, so ihr in der neuen Zeit eure Energie dafür aufwendet, um die Menschheit zu vereinheitlichen, um dadurch dem Irrglauben zu erliegen, die Einheit der Menschen zu fördern. Damit erreicht man das Gegenteil und bewirkt nicht das, was man möchte – wenngleich die, die das bisher forcierten, sehr wohl wissen, wessen Kind sie dadurch mit dem Bade ausschütten. Dass das misslingt ist deutlich, und in diesen Tagen erlebt ihr dies eindrucksvoll.

Die Menschen orientieren sich erneut nach den Bedürfnissen ihrer allewigen Seele. Das gelingt nun. Familien finden zusammen - und Familien werden aufgelöst und neu definiert. Alles ist möglich, jetzt, da sich der einzelne Mensch bewusst ist, wie vieles unerkannt blieb in der Zeit, die wenig Licht bot und der Dunkelheit ausgesetzt war.

Die Familie ist die Basis, auf der sich ein

Menschenleben und auf der sich ein kosmisches Bewusstsein entfalten kann. Ehrt die Familie in jeder Form, jedoch ehrt vor allem die Familien der anderen, jener, die euch immer noch fremd erscheinen, ob ihrer Eigenwart und ob des Eigenwillens, der jeder Familie innewohnt.

Die Zeit, in der sich die Menschen auf die Suche nach
ihrem Ursprung machen, ist gekommen und somit ist die
Zeit, in der sich die Menschen auf die Suche nach ihren
Ursprungsfamilien machen, angebrochen.

Auf Erden wirken Engel, die sich selbst als Engel erkennen,
und die im Spiegel des anderen sehen, wie sehr sich alles
Leben – trotz der Einmaligkeit und der Unterschiede
- gleicht. Gleich in der Liebe, gleich im Frieden, gleich
im Mitgefühl, gleich im Glück, gleich durch die Fülle. Den
Unterschiede machen allein die Aufträge aus und die gilt
es zu erfüllen; im Gleichklang mit jenen, die sich selbst
gefunden haben, die selbst sie selbst geworden sind, die
selbst gewachsen und gereift sind, damit sie diese Welt in die
vorhergesehenen Ebenen erheben.

Trennung existiert nicht im Sein, dennoch gibt es natürliche
Grenzen, damit ein jedes Leben seine Aufträge erfüllen kann
und in seinen Bereichen absoluter Meister ist und Herr, Gott
und Göttin in Ewigkeit –
 „Familie" ist überall. Die Freundschaft, die Ehe, die
berufliche oder religiöse Zugehörigkeit, alles ist Familie und
kann auf dieser hier zur Verfügung gestellten Grundlage in
Betracht gezogen werden. Dort, wo ihr eurer Seelenfamilie
begegnet, seid ihr angekommen, dort, wo es sich anders
verhält, gilt es mit der Suche zu beginnen oder aber bei
den „alten Leisten zu bleiben; schließlich wurdet ihr von
Gott dahin gestellt, denn wahrlich: In Gottes Schöpfung ist
nichts zufällig und die Gnade Gottes weiß immer um die
Beschaffenheit aller Dinge.

Vertraut daher dem Plan, den Gott mit euch hat, und befähigt euch dazu, diesen zu erkennen.

Denn „wer sucht der findet", wird gesagt, jedoch es findet nur der das Richtige, der zur rechten Zeit nach dem Richtigen sucht und schließlich wird zur gegebenen Zeit ein jeder von Gott aufgesucht, gefunden und zurückgebracht in das ewige Reich, das Er für uns und durch uns erschuf.

Vertraut in allen Angelegenheiten Gott.
Bittet um direkte Führung und um die Erleuchtung.
Seid jedoch bereit dafür, bedingungslos alles zu tun. Dann wird euch die Wahrheit eures Lebens enthüllt.

Vertraut, ihr geliebten Menschen, vertraut.

In unendlicher Liebe bin ich erneut wiedergekommen, damit ich selbst und mit euch den Weg zu Gott vollende,

der Rufer der Schöpfung

JOHANNES DER TÄUFER

Vom Geben und Nehmen

Jesus Sananda

Geliebte Menschenkinder, Kinder Gottes, der unser aller Vater und die unser aller Mutter ist!
„Geben ist seliger, denn nehmen", sagt ein menschliches Sprichwort. Ich sage euch: Weder ist geben seliger noch nehmen, sondern hier gilt es die Energien in die Balance zu bringen – denn nur dadurch glückt ein Leben und es wird das Geben heilig, wie das Nehmen heilig ist.

Woher aber kam dieser Irrtum und warum hält dieser sich so lange unter den Menschen?
Es ist ein weit gestreuter Fehlglaube, der von der Kirche Roms geprägten Kultur des Abendlandes. Damit wurden die Menschen um ihr Hab und Gut gebracht, denn es ging darum, alles „Weltliche" in dieser Welt hinzugeben, um den göttlichen Lohn im Himmel zu erhalten. Diesem Witz, dieser Täuschung gingen die Menschen auf dem Leim und so breitete sich über viele Jahrhunderte die Fehlannahme „Geben sei edler denn Nehmen" aus.

So ist es nicht, ihr Menschen, die ihr nun erwacht.
Und mehr noch, denn ihr sollt euch immer bewusst sein,
wann ihr gebt, warum ihr gebt und wo ihr gebt.
Und ihr sollt euch immer bewusst sein, wo ihr nehmt, was ihr nehmt und von wem ihr (was)nehmt.
Hier gilt es immer in die Energie hineinzuspüren und sich der die Frage zu stellen: „Ist das angemessen?" Ist es angemessen, dass ich hier Hilfe biete, dass ich da ein Geschenk bringe, dass ich dort gebe? Ist es angemessen, dass ich annehme, dass ich da nehme und dort verweigere?
Was ist wo angemessen?
Hier stellt sich immer die Frage der Angemessenheit – immer.

„Liebe überlegt nicht", wird gesagt, die Liebe gibt bedingungslos und ohne Berechnung. Wer diese Worte derart versteht, versteht nicht, denn wahrlich, die Liebe weiß und gibt dort, wo sie durch ihr Wissen einen fruchtbaren Boden für ihre Gaben vorfindet; und die Liebe lehnt ab, dort, wo sie unlautere Absichten in einem oder durch ein Geschenk erkennt.
Liebe ist bedingungslos, und auch bedingungslos klar und bewusst, denn wahrlich:

Was dem einen ein großer Nutzen ist, ist dem anderen ein großer Fels, der nicht zu überwinden ist.

Das heißt, heute gilt es die Unterscheidungskraft anzuwenden und aus dem beliebigen Schenken und Helfen auszusteigen; und es gilt zu unterscheiden, was ich annehme und welche Kräfte ich dadurch in mein Leben bringe.

Klar und deutlich: Nehmen ist selig dann, so ein tiefer Gleichklang herrscht beim Nehmenden und Gebenden, so die Absichten rein und erhaben sind, so weder Zweck noch Berechnung damit verknüpft sind. Ist das derart, so herrscht ein energetisch einwandfreier Zustand vor, dann dürft und sollt ihr reichlich nehmen und auch reichlich geben.

Wahrlich, die die geben, in ihrer Absicht aber ungeklärt und berechnend sind, die bewahren Menschen vor dem Hungertod und schieben diesen dennoch nur auf, da ein Mensch nicht nur vom Brot alleine lebt.

Wahrlich, Hilfe mit berechnender Absicht ist Sünde, auch wenn sie „Leben rettet"! Annehmen mit berechnender Absicht ist ebenso Sünde, auch wenn es nur dadurch geschieht, um niemanden zu beleidigen oder vor den Kopf zu stoßen. Immer geht es darum, einen energetischen Ausgleich zu erschaffen. Bedingungslosigkeit bedeutet, bedingungslose Klarheit und das unverstellte Wissen, mit wem habe ich es wann und wo zu tun.
Nehmen ist selig, geben ist selig, glückselig jedoch ist, wer diese Kräfte zu vereinen weiß, der weder aus Schuldgefühlen gibt noch durch die Ohnmacht, nein zu sagen, annimmt. Denn wahrlich:

Wer sich selbst kennt, der kennt die Menschen und deren Absichten.

So prüft euch nun. Prüft euch selbst. Wo gebt ihr ohne zu fragen, wo geschieht dies automatisch? Wo aber seid ihr verhalten und warum seid ihr dies?

Klärt dieses Thema und verfahrt mit dem Nehmen in der
Folge demgemäß.

*Wer ständig gibt, der hat sich selbst verloren, es sei denn,
die Liebe fließt wie ein stiller göttlicher Strom aus einem
Herzen heraus – allwissend und allmächtig – solch ein
Mensch ist wahrlich heilig.*

Wer ständig nimmt, der leugnet seine Fülle, ist die Ohnmacht
selbst und Opfer seiner nicht erlösten Gedanken und
Verhaltensweisen, der Zeiten, die vergangen und die hier
beschrieben sind; ist ein Bettler, der seine Hände aufhält,
ohne diese selbst für das Kreieren zu benutzen.

Von Nehmen sprach ich zu euch und vom Geben.

Selig ihr, die ihr wisst, was sich euch zeigt, damit ihr richtig
handeln könnt und geben oder nehmen - euch hingeben oder
euch annehmen.

Annehmen, ohne dem Impuls nun in der Schuld zu stehen, ist
heilig, annehmen zu können, aufgrund der eigenen Faulheit,
ist Sünde.
Geben, des Geben willens - ohne den Impuls mit Zinsen
zurückzuerhalten - ist heilig.
Geben, um sich selbst ins Licht zu stellen und um sein
Ansehen und Vermögen zu vermehren, ist Sünde.

Selig die, die das erkennen, die auch dabei die Spreu vom
Weizen unterscheiden, denn wahrlich:

Eher wird ein Blinder sehend und ein Tauber hörend, als dass ein Mensch, der im Nehmen und Geben unerlöste Themen mit sich führt, in das Himmelreich gelangt.

Gottes Gnade nimmt euch jetzt alle Illusionen. Noch ist Gelegenheit dazu, ehe die Zeit für jene Menschenkinder, die in der Zeit verbleiben, neue Schicksalsschleifen erschafft.
Ein ausgeglichenes Bewusstsein, das heißt, ein Bewusstsein, das wie ein stiller Ozean der Liebe in sich selbst ruht, das weiß um die Beschaffenheit der Dinge.

Bringt euch nun in dieses Wissen, denn wahrlich:

Die kleinen Irrtümer am Weg sind die größten Hindernisse, um Erleuchtung zu erlangen, da sie sich unbemerkt und mannigfach eines Wesens bemächtigen.

Gott ist groß und heute ist dies auf dieser Welt zu erfahren. Empor zum Himmel sollt ihr blicken, bis dass der Schöpfer euch erhört, denn wahrlich:

Diese Welt vergeht mit allem Leben, bestehen bleibt, was ewig ist und war: die Unendlichkeit der Schöpfung Gottes, fern der Erfahrungsebenen, wie ihr sie bisher kanntet.

Gott ist groß, blickt nun empor zum Himmel!

Ich bin

JESUS SANANDA

Vom Staat

Johannes der Täufer

Geliebte Menschen, es ist der 12.12.2012, während diese Zeilen auf Papier sichtbar werden. Mutter Erde ist mitten in ihrer größten Umformung seit Menschen- und Zeitengedenken und die Menschheit erwacht.
Voller Ehrfurcht und Liebe begegnet euch das Universum und es halten Hüterschaft über euch vollbewusste Hochkulturen dieser und ferner Galaxien.

Schreitet weiter, euch kann nichts und niemand etwas anhaben! Der Sieg ist unser, das Leben erben wir.
    Der Tag der restlosen Erkenntnis und der endgültigen Befreiung des Menschen vom Joch der Herrscher, die ihre Macht missbrauchen, ist angebrochen.
So liegt es nun an mir, zu euch vom Staat zu sprechen, vom Wesen des Staates und wie er euch dienen und nicht euch zu Sklaven degradieren soll.

Ehe mein ewiger Bruder zu euch von der Religion spricht,
werde ich einen Überblick geben, wie es sein kann, sein soll
und sein wird in einer nahen Zeit, auch wenn es für euch
heute noch unabsehbar ist.

Der Staat soll dem Menschen dienen – in allen Belangen.
Der Staat soll von Menschen geführt, geleitet und verwaltet
werden, die vollkommene Meisterschaft ihrer Selbst erreicht
haben.
Von Menschen, die ihr Ego überwunden, ihre persönlichen
Motive hinterfragt und erkannt haben, und von Menschen,
die sich als spirituelle Wesenheiten der Schöpfung im
Verbund mit anderen Kulturen, die fern dieser Welt
existieren, erkannt haben. Kurzum:

*Der Staat soll nur von den Edelsten der Edlen, von
auserlesenen Wesenheiten in der Qualität eines Erleuchteten
angeführt werden.*

Diese bilden den Rat einer Nation, eines Volkes, eines
Kontinentes und schließlich den Rat, der alle Angelegenheiten
eines Planeten regelt und verwaltet.

Wahrlich, ein Mensch im Dienste des Staates ist ein Verwalter
seiner ihm übertragenen Verantwortung.
Dieser ist weise beim Anwenden seiner geliehenen und
verliehenen Macht; ist gütig, so es gilt, die Menschen zu
verbinden, und ist entschlossen, so es gilt, Übertretungen zu
ahnden.

Das Modell des Staates der Zukunft ist folgendes:

1) Der Staat ist weder befugt Steuern einzuheben noch Steuern auszuschreiben, gleich für welchen Zweck und zu wessen Gunsten.
2) Der Staat hat dafür zu sorgen, dass der Verhaltens- und Ehrenkodex, der durch den „Rat der Weisen" erstellt wurde und der zur Abstimmung allen Menschen unterbreitet wurde, eingehalten wird.
3) Der Staat hat dafür zu sorgen, dass alles, was dem Gemeinwohl dient, dass alles, was auf Mittel, Fähigkeiten und Wohltaten der Menschen angewiesen ist, auf freiwilliger Basis verwirklicht wird.
4) Die Freiwilligkeit ist oberstes Gebot, wie die Freiheit des Individuums oberstes Gebot ist.
5) Der Staat hat durch Aufklärung, durch breit angelegte Wissensvermittlung und durch das Vorbild, das die Verwalter des Staates leben, alle Menschen zu tugendhaftem, wahrhaftigem und rechtschaffenem Verhalten anzuleiten.
6) Der Staat hat alle Armeen abzuschaffen und diese in Bereitschaftsdienste umzuwandeln, die während der Zeit, in der sich der Planet wandelt, den Notleidenden dienen.
7) Der Staat erhält von den Bürgern alle Mittel – auf freiwilliger Basis- um bestimmte Vorhaben, die hier angesprochen sind und werden, umzusetzen.
8) Das höchste Gesetz, das essenzielle Werkzeug, um aus einer in sich zerrütteten Gesellschaft eine geheiltes Staatswesen zu formen, ist das gelebte Vorbild jener, die dem Staate vorstehen.

9) Die Freiwilligkeit in allen Bereichen ist der Vertrauensvorschuss für die Menschheit in der Zeit des Übergangs, die bisher wahrlich andere Maßstäbe kannte und gewohnt war.

10) Wer sich unangemessen verhält, wer Verfehlungen begeht, die dem Gemeinwohl oder den Mitmenschen schaden und dem Einzelnen unangemessene Vorteile verschaffen, wird in Licht- und Liebesschulen auf sein Verhalten aufmerksam gemacht, damit er es korrigieren kann: Das Ende der Psychotherapie, da mit dem Licht und der Liebe, die überall im All vorhanden ist, gearbeitet und Heilung erlangt wird.

11) Der Staat sorgt dafür, dass die Medizinmänner (Ärzte) für die Gesunderhaltung und nicht für das Krankschreiben der Menschen ihren gerechten Lohn erhalten.

12) Der Staat hat dafür Sorge zu tragen, dass die Schulen mit Unterrichtsfächern wie Ethik, rechtes Leben, Glücklich-Sein, „Wer" bin ich, Spiritualität, außersinnliche Wahrnehmung, Kreieren, Gott, Leben und Liebe angereichert werden, und es gilt, auf die Fähigkeiten der neuen Kinder ganzheitlich einzugehen; Ende des Benotungssystems und Lehrer, die darauf eingehend geschult sind.

13) Der Staat vertraut seinen Bürgern bedingungslos und erhält von den Bürgern dieses Vertrauen zurück.

14) Alles Recht geht von den Bürgern aus und der Staat verwaltet dies und hütet die Gesetze, die erlassen wurden und werden.

15) Der Staat ist die erste und letzte Instanz, um Recht zu sprechen und Recht zu geben, jedoch ist der Staat nicht dazu berufen, sich sein Recht selbst zu schaffen und es an die Gegebenheiten anzupassen.

16) Die Diener des Staates erhalten keinen Lohn, außer den von Gott, denn es ist der Schöpfer, der sie einsetzt und der ihnen die Macht entzieht, so sie selbst fehlgehen.

17) Der Staat sorgt dafür, dass ein jeder Mensch, als Geburtsrecht verankert, Anrecht auf ausreichende Mittel hat, um sein Leben auf Erden absolut sorgenfrei von allen Existenzproblemen zu gestalten. Ein bedingungsloses Einkommen und freies Wohnrecht sind essenziell dabei und nur der erste Schritt.

18) Der Staat öffnet jeder Religion die Möglichkeit, sich vorzustellen. Es liegt an den Menschen alleine, was sie annehmen, was sie ablehnen. Diese Freiheit ist die Freiheit, die eine sich im Erwachen befindende Menschheit dringend benötigt.

19) Der Staat wird von einem „Rat der Weisen" aus 12 Wesenheiten geführt und von einem „Rat der Ältesten" von 12 Wesenheiten unterstützt. Die Reihe der 12 setzt sich fort bis in die kleinsten Gemeinden.

20) Der Staat fördert die regionale Zusammenarbeit der Menschen. Daraus entsteht die übergreifende Zusammenarbeit von Ländern und Staaten.

21) Die Vertreter des Staates auf den „unteren" Ebenen , werden für eine Zeit von 6 Jahren bestimmt und können sich dann erneut zur Wahl stellen.

22) Jeder Bürger ist berechtigt, sich selbst als Teil der Gesellschaft für verantwortungsvolle Positionen in der Familie der Menschheit einzubringen.

23) Für Menschen, die von ihrem verbrecherischen Tun nicht ablassen wollen, sind längere Bewusstseinsschulungen vorhergesehen, bis dass auch diese Geschöpfe am Leben in der Gesellschaft als vollwertige neue Menschen teilnehmen können.
24) Der Staat hat darauf zu achten, dass nur lichtvolle Nahrungsmittel zu den Menschen gelangen, ehe die Lichtnahrung zur eigentlichen Quelle des Lebens wird.
25) Der Staat hat alles zu unterbinden, was den menschlichen Geist manipuliert, was dem menschlichen Körper schadet und wodurch der Mensch insgesamt geschwächt wird.
26) Der neue Staat hat jede Einflussnahme der Kommunikationsmittel, die Angst ausüben und die Menschen in Abhängigkeiten halten, abzuschaffen, denn es ist Teil des Kodex, dass jeder Angriff auf die Freiheit des menschlichen Geistes verboten ist.
27) Der Staat hat dafür zu sorgen, dass sich die Menschen im Vertrauen begegnen, dadurch dass der Staat den Menschen vertraut.
28) Der Staat verurteilt nicht, sondern erkennt die Zustände und benennt sie, um sie mit den Menschen zu bestätigen oder zu verändern.
29) Alle im Dienste des Staates wissen, dass sie Träger des Vertrauens sind, und wissen, dass sie die Hüter des Friedens und die Verwalter der geeinten Menschen sind – deren einziges Ziel es ist, sich in der Liebe zu allen Geschöpfen auszudrücken.
30) Der „Rat der Welt" wird in der ersten Dekade der neuen Zeit von Babaji bestimmt.

Somit gilt: Der Staat, so wie er sich heute noch darstellt, nahezu weltweit, ob „demokratisch" legitimiert oder durch das Diktat erschaffen, ist ein Auslaufmodell, das nun zu Ende geht.

Geehrte Menschen, mit diesen ersten Hinweisen, wohin die Reise geht, vergewissere ich euch meiner Gegenwart,

JOHANNES DER TÄUFER

Von der Religion

Jesus Sananda

Geliebte Menschenkinder, von der Religion, von den Religionen spreche ich zu euch nun, ich der ich bin JESUS SANANDA und dessen Wirken als Joshua ben Joseph in den Zusammenhang von „Religion und Glaube" gestellt wird.
Die Zukunft der Religionen ist ungewiss, denn wahrlich:
Sobald die Menschheit erwacht, fallen die Religionen in einen tiefen Schlaf, aus dem sie auf dieser Ebene des Seins nie mehr erwachen können.

Daher ist es Zeit aufzuwachen für euch, die ihr den Religionen Form verleiht und Kraft, da sich die Form verflüchtigt und da die Kraft versiegt, so wie ein Brunnen oder eine einstmals sprudelnde Wasserquelle versiegt.

Die Religion der Zukunft, die Religion der neuen Menschheit ist die Religion, die die Menschen als allwissende Götter, als schöpferische Gottheiten, als Wesenheiten, die direkt an der Wirklichkeit Gottes teilhaben können, anerkennt.

Weniger ist unzureichend, und für eine solche Religion sind die Tage gezählt. Es gibt keine Angstpropaganda mehr, die fruchtet, jetzt, da sich die Menschen bis zu dem Grad entwickelt haben, da sie im Kollektiv die gängigen Traditionen hinterfragen.

Religion ist heilig, so sie den Menschen die Ängste nimmt. Religion ist verwerflich, so sie im Menschen die Ängste schürt und verstärkt, da sie in Unsicherheit und Unwissen gehalten werden oder da die Seligkeit auf ein Leben nach dem Tod vertagt wird.

Den Religionen kommt eine große Rolle beim Übergang der Zeiten zu, nämlich die, sich ganz in den Dienst der erwachenden Menschheit zu stellen, was heißt: Ihre selbstgeschaffenen Dogmen zum Machterhalt aufzulösen. So wie sich das derzeitige Staatsgefüge auflöst, so lösen sich die unterschiedlichen Religionen auf, denn auf der fünften Dimension des Seins ist jede Wesenheit ständig in Gewahrsein Gottes und benötigt keinerlei Lehren mehr, die der Zeit entsprungen und durch die Zeit legitimiert waren. Heute und beim Übergang der Menschheit in die fünfte Dimension lade ich alle Religionen dieser Welt dazu ein, gemeinsam den Menschen Zuversicht, Gewissheit, Frieden, Halt, Mut und Vertrauen zuzusprechen.

Und ich ermahne alle Religionen dahingehend, auf jeden Einfluss, der Angst auslöst, zu verzichten, denn:

Wer jetzt aufgrund seiner noch intakten Vertrauensposition in Kirche und Staat Nebelwerfer zündet, wird sich selbst im Labyrinth, das er anderen bereitete, verlieren.

Ich bin allezeit mit euch, Geliebte Menschen, wendet euch vertrauensvoll mir zu, denn euer Herz kennt mich.

Geliebte Hirten, die ihr eure Legionen der Gläubigen anführt! Wendet euch mir zu und erkennt, dass sich ein Irrtum nicht endlos wiederholen kann, jetzt, da sich der Wandel dieser Erde und der Wandel der menschlichen Gesellschaft erneut beschleunigt.

Geehrt für alles, was ihr tut und seid, seid ihr,
in unendlicher Liebe zu dir

JESUS SANANDA

Vom Übergang auf 5D

Johannes der Täufer

Menschen aller Länder, Brüder und Schwestern dieser Welt!
Uns alle eint die Tatsache, dass der ganze Planet Erde, so wie wir diesen heute kennen und so wie wir ihn viele Male erlebt und erfahren haben, mit uns allen in die fünfte Dimensionsstufe des Seins aufsteigt.
Dabei ist es völlig unbedeutend, ob ein Mensch davon Kenntnis besitzt, es geschieht einfach – hier und jetzt.

Nun, die Zeit des Übergangs ist eine äußerst Fordernde. Oben wird zu unten und umgekehrt. Die Welten verschieben sich, greifen ineinander über; die Täuschungen sind vielfältig und die sich überlagernden Hologramme bewirken dies. Wer kennt sich da noch aus, wer kann sich da noch auskennen? Und ist es möglich, bei all dem die Orientierung zu behalten? Ist es möglich, bei sich zu bleiben, ganz in sich verankert zu sein und sich durch nichts und niemanden aus dem Zustand der inneren Gelassenheit und des inneren Friedens bringen zu lassen?

Ja, das ist möglich, ja, das ist gegeben, denn wie könnte Gott Seinen Kindern in dieser schwierigen wenngleich heiligen Zeit nicht das nötige Rüstzeug mitgeben, damit sie zurückfinden können in die ewige Heimat.

Damit ihr diese Zeit an Geist, Körper und Seele unbeschadet überbrücken oder viel mehr noch dieser als erleuchtete Wesenheiten entschlüpfen könnt, gilt es dreierlei zu beachten.
1) Schult, schärft und stärkt euren Geist täglich.
2) Achtet auf euren Körper täglich.
3) Verbindet euch mit Gott – den ganzen Tag.

1.1. Ihr schult euren Geist, so ihr scharfe, aufmerksame und unerschrockene Beobachter aller Ereignisse der Welt und aller Vorkommnisse in eurem Leben bleibt. Jede Situation, mag sich auch noch so unbedeutend erscheinen, hat eine Tiefe, die es zu entschlüsseln gilt. Dadurch stärkt ihr euer Unterscheidungsvermögen und ihr gelangt in eine Ebene der Unterscheidungskraft, die unerschütterlich, unbeeinflussbar und durch nichts zu zerstören ist.

Die Wankelmütigen fallen jetzt, die, die sich in sich selbst verankern, bleiben stehen bei allem, was kommt.

2.1. Mutet eurem menschlichen Körper, dem Vehikel, das nun zu voller Blüte heranreift, nicht allzu viele körperliche Anstrengungen zu. Haltet die Zeiten, in denen ihr den Körper belastet, durch Sport und Ausdauertrainings, kurz. Warum? Da der menschliche Körper derzeit ohnedies sehr viele „Belastungen" aushalten muss und zu integrieren hat:

a) Die ständige Zunahme an Schwingung, Licht und Energie aus der Zentralen Sonne.
b) Die noch immer einwirkenden manipulativen Schwingungsfelder der alten Zeit.
c) Durch direkte „energetische Umbauarbeiten" an euren Körpern, die zumeist während des Schlafes stattfinden, wodurch viele Menschen das Gefühl des ständigen Schlafmangels haben, auch wenn sie Stunden im Bett zugebracht haben.

Achtet euren Körper, indem ihr genug reines- energetisch reines - Wasser aufnehmt, indem ihr reine - energetisch reine - und lichtvolle Nahrung aufnehmt. Hilfsmittel dazu stehen zur Verfügung, nutzt sie – und macht vor allem Gebrauch von eurer Intuition.

Vertraut eurem „Bauchgefühl" und eurem Herzen.
Bewegt euch so viel wie möglich in der Natur.
Meidet Städte; und für die, die in Städten wohnen, gilt die Empfehlung, immer wieder die Grünbereiche der Städte aufzusuchen und sich mit vielen Pflanzen im eigenen Wohnumfeld zu umgeben. Auch tierische Begleiter sind derzeit sehr hilfreich – jedoch meidet es unbedingt Fleisch zu verspeisen, da dadurch euer Körper in der Phase des energetischen Umbaus neu verschmutzt wird, was eine beträchtliche Erschwernis für den Prozess und am Weg zur Vollkommenheit darstellt. Nur Verrückte streuen Salz in eine offene Wunde.

In der Zeit des Umbaus eures Körpers esst leichte Kost, denkt Gutes und lebt einfach. Achtet darauf, dass ihr genügend Schlaf bekommt. Schlaf ist der große Heiler der kommenden Monate.

So ihr gerne Sport betreibt, achtet darauf, dass ihr niemals über das Limit hinausgeht und vermeidet es, neue Rekorde ins Visier zu nehmen. Dafür ist diese Zeit wenig geeignet.

Achtet auf euren Atem. Atmet bewusst – ein und aus, geht in Atemschulen, erlernt das Atmen. Heute ist das eine große Hilfe, um seinen Geist zu heben und den Körper zu stärken. So weit dazu, ihr geliebten Kinder.

3.1. Betet unablässig! Es wurde und wird euch immer wieder gesagt: Haltet die Verbindung zu Gott, zur Urquelle allen Seins, stets aufrecht, dann gelingt euch alles und alles kommt zu euch; wie von Zauberhand angeleitet, erfüllt sich dadurch euer Leben – denn wahrlich:

Ein Leben in und durch Gott ist von der Zauberhand Gottes angeleitet. Der Zauber, der dem Schöpfer innewohnt, kann dann greifen, so ihr ganz und ständig mit IHM verbunden seid, euch mit dem „Spirit" verbunden fühlt.

Das ist die wichtigste Qualität dieser Zeit.

Dadurch weichen Ängste, weichen Sorgen, und an deren Stelle treten die Gewissheit und der Mut, dass man, so man alles zu geben bereit ist, auch alles erhalten wird.

Mit diesem Wissen übergebe ich nun das Wort meinem ewigen Bruder JESUS SANANDA, um dieses „Buch des Lebens" im ersten Teil zu vollenden.

In der Liebe, die ich bin, mit den Aufträgen, die mich zu euch geführt haben,

– der Rufer der Schöpfung

JOHANNES DER TÄUFER

Vom Leben auf 5D

Jesus Sananda

Geliebte Menschenkinder, ehe wir uns alle auf der neuen
Welt einfinden, möchte ich zu euch von dieser sprechen, denn
wahrlich:
Was kein menschliches Auge je gesehen hat, soll sich euch
nun enthüllen, damit ihr eure Augen an das Licht, das von der
neuen Lebens-Wirklichkeit ausgeht, gewöhnen könnt.

Nachdem auf Erden Frieden eingekehrt ist, nachdem es weder
Armeen noch Polizei braucht, nachdem die Menschheit in ihrer
Vielfalt eins ist und dadurch das Ende der alten Zeit besiegelt
hat, beginnt sich das neue Leben, die neue Wirklichkeit
abzuzeichnen.
*Die Dimension des Wandels kann nur begriffen werden, so
ihr bereit seid, wirklich alles über Bord zu werfen.*
Alle Lebenskonzepte, alle Gesellschaftskonzepte und alle vom
Menschen auf dem Reißbrett der bisherigen Erfahrungen
entworfenen Weltenmuster gilt es abzustreifen und sich dann
für das wahrlich Neue und für das Unvorstellbare zu öffnen.

Fürchtet euch niemals vor dem Neuen, fürchtet euch nur davor, alles beim Alten zu lassen.

Eine Welt, die sich auf 5D etabliert, ist in einer Feinstofflichkeit wirklich, die folgendes ermöglicht: Telepathische Kommunikation, Reisen durch Gedankenkraft, das Präsentsein an mehreren Orten zugleich, Kreieren aus dem Nichts, Formlosigkeit oder Form annehmen, je nach Wahl, Durchschreiten der Zeit- und Raumlinien mit dem Lichtkörper, so es erforderlich ist, Teilhabe an allen Gedanken, Worten und Werken der nieder schwingenden Ebenen des Seins 1D-4D, absolute immerwährende Erfahrung von Glückseligkeit, Aufstieg in die nächsthöhere Schwingungsebene, so es der göttliche Plan vorhersieht.

Auf der Ebene der erwachten menschlichen Gesellschaft, die sich auf 5D einfindet, bedeutet dies:
    Frieden in allen Bereichen der Welt; Ende der Wetterextreme; Tier und Mensch leben in Eintracht miteinander; das typische Raubtierverhalten ändert sich und Schaf und Wolf trinken aus ein und derselben Wasserstelle; direkte Kommunikation mit den vollbewussten Kulturen der Schöpfung; Schwingung ist lesbar und wird somit zum Angelpunkt jeder Kommunikation; Vereinigung ohne sich als sexuell zu erfahren, da jede Wesenheit in sich selbst vollkommen ist; Fortbewegung mittels Lichtkörper und Gedankenkraft; Kristalle sind die Energieträger und Energievermittler für alle Bereiche des Lebens; für weite Reisen stehen Raumschiffe bereit, da ein Lichtkörper nicht für alle Gegebenheiten in der Schöpfung konzipiert ist;

Menschen auf 5D legen ihre feinstoffliche Hülle zumeist nach Jahrtausenden ab; kein Sterben mehrkein Tod; Menschen wachsen auf die Größe bis zu 3 Meter heran; Tiere, die bisher unbekannt waren, finden sich erneut auf Erden ein; der Planet ist bis zu 3/4 von Meeren umgeben; die Kontinente verschieben sich, das Bild der Erde ändert sich völlig; alles ist dem Gedeihen und dem Fördern von neuem Leben untergeordnet; die Liebe hat gesiegt.

Leben auf 5D bedeutet vor allem Grenzenlosigkeit und grenzenlose Freiheit. Alle Fesseln, all die Begrenzungen, die ein Mensch alleine durch seinen bisher feststofflichen Körper erfahren musste, enden. Alleine dadurch beginnt sich ein völlig neues Lebensgefühl auszubreiten und einzustellen.
Diese Entwicklungen folgen nun Schritt auf Schritt; und für die, die dem ungläubig gegenüberstehen, sei gesagt:

Du kannst den Himmel voller Sterne nur dann sehen, so du den Blick zum Himmel hebst.

Geliebte Menschenkinder, zügig schreiten wir in die neue Zeit. Der von mancher Stelle angekündigte Untergang der Welt hat nicht stattgefunden. Genauso wenig wird die Erhebung der Welt in einer „Nacht-und-Nebel-Aktion" stattfinden. Hier wirkt ein großer Plan, der sich nun nach und nach erfüllt. Wenngleich auch in dieser Niederschrift darauf hingewiesen werden muss, dass sich manches große Ereignis wahrlich über die Nacht einstellen wird.

Veränderungen, die nötig sind, gesehen zur rechten Zeit. Veränderungen, die jetzt nötig sind, geschehen jetzt. Bleibt treue Diener eures Lichtweges. Bleibt Herr eurer Gedanken und Herr eurer Worte, damit auf diesem Boden die mächtigen Werke des Lichts und der Liebe Gottes auf Erden verwirklicht werden zu allen Menschen gelangen.

Niemals war die Menschheit näher dem ewigen Glück, der ständigen Glückseligkeit als jetzt, da wir den großen Zyklus dieser Zeit beenden.

Jahrtausende haben wir darauf gewartet. Heute sind wir angelangt und nun gilt es, dies zu begreifen und als Tatsache in das Alltagsleben zu integrieren:

Denn der Wandel bleibt für den Geschichte, der in der Menschheitsgeschichte nach Vergleichbarem sucht.

In großer Freude diene ich der Menschheit, in tiefer Demut bin ich zurückgekehrt.

Ich bin die Liebe und das Leben.
Ich bin die Wahrheit und der Weg.

Unendlich ist die Liebe zu DIR

JESUS SANANDA

Der Autor

Jahn J Kassl, geboren 1965, dient, nachdem bei ihm 2005 die spirituellen Zugänge geöffnet wurden, als Kanal der geistigen Lichtebenen des Seins. Seither werden ihm nahezu täglich Botschaften übermittelt. 2009 wurde dem Autor aufgetragen, den Lichtweltverlag zu gründen, damit die Botschaften eine weite Verbreitung erfahren. Neben den vielen Publikationen (Printbücher, eBooks) sind es vor allem die täglichen Veröffentlichungen am Lichtweltblog, die zu einer stetig anwachsenden Leserschar beitragen.

Seit der Gründung des Verlages finden jeden Monat „Lichtlesungen" statt. Das sind öffentliche Veranstaltungen, bei denen dem Autor „live" Botschaften übertragen werden. Dies ermöglicht den Menschen an der lichtvollen Wirklichkeit des Himmels direkt teilzuhaben und den Autor persönlich bei der Arbeit zu erleben. Als „Schreiber Gottes" besteht seine vorrangige Aufgabe darin, die ihm übertragenen Botschaften genau, klar und unkommentiert weiterzureichen.

Jahn J Kassl ist ein Wegbereiter, um die Menschen beim Weg ins Licht zu begleiten und um ihnen beim Übergang in die neue Seinsrealität beizustehen. Der Autor lebt seit 1983 in Wien.